Bettina Warzecha

Problem: Qualitätsmanagement
Prozessorientierung, Beherrschbarkeit und
Null-Fehler-Abläufe als moderne Mythen

Verlag für Planung und Organisation 2009

Das Werk einschließlich all seiner Teile ist urheberrechtlich geschützt. Jede Verwertung außerhalb der engen Grenzen des Urheberrechtgesetzes ist ohne Zustimmung des Verlages unzulässig und strafbar. Das gilt insbesondere für Vervielfältigungen, Übersetzungen, Mikroverfilmungen und die Einspeicherung und Verarbeitung in elektronischen Systemen.
Copyright © 2009 Bettina Warzecha (www.Lektorat-Wimac.de).
Verlag für Planung und Organisation, Walsrode.
Herstellung: Books on Demand GmbH, Norderstedt
Umschlaggestaltung: Andrea Keßler
(www.kessler-creativdesign.de)
Weitere Graphiken: Heinz. W. Pahlke
(www.pahlke-online.de)

ISBN 978-3-00-028012-2

Vorbemerkung

Qualitätsmanagement (QM) nennt sich eines der wichtigsten Verfahren mit dem Organisationen heute gelenkt und geleitet werden sollen. In Unternehmen, in Verwaltungen, in Schulen und Universitäten, in Krankenhäusern und Wohlfahrtsorganisationen machen sich alle auf die Suche nach möglichen „Standards", die dann in Arbeitsgruppensitzungen, Gremien und Ausschüssen diskutiert und abgesegnet werden.

Viele QM-Beteiligte sind der Überzeugung, dass mit Hilfe des Qualitätsmanagements die Qualität von Produkten und Dienstleistungen „ständig verbessert" werden kann. Schließlich scheint das Qualitätsmanagement aufs engste mit bewährten Mess- und Prüftechniken verwandt, mit denen die Güte von Waren aller Art nachgewiesen werden soll. Wer wäre also für eine Verbesserung der Qualität im Management nicht zu haben?

Dabei wird übersehen, dass Qualitätsmanagement nicht viel mit Produktqualitätsmessungen gemeinsam hat und schon gar nichts mit Verbesserung in einem allgemeingültigen Sinn. Mit dem Wortbestandteil „Qualität" soll – wie Väter des QM freimütig einräumten – möglichen Widerständen begegnet werden. Mit Speck fängt man bekanntlich Mäuse...

Inhaltsverzeichnis

Vorbemerkung

**I. Was ist Qualität und worum
geht es im Qualitätsmanagement?** 9
1. Der allgemeine Qualitätsbegriff 9
2. „Qualität" im Qualitätsmanagement 11
3. Die Vorgehensweise im Qualitätsmanagement 13

II. Mythos „Prozessorientierung" 16
1. Das Prozessproblem I: Prozesse und Strukturen
sind zwei Seiten derselben Sache 16
2. Das Prozessproblem II: Prozessorganisation
gegen Funktionsorganisation – ein Scheingefecht 20
3. Prozessproblem III: Die Potenzierung der
„Schnittstellen" 25
4. Das Prozessproblem IV: Der Verlust von
Ganzheitlichkeit 27
4.1. „Prozessieren" heißt im QM „Immer weiter
Differenzieren" 28
4.2. Die Problematik des Differenzierens 31
4.3. Was geschieht genau beim Differenzieren? 35
4.4. Die unvermeidbare Folge einer stetig zunehmenden
Zergliederung: Fehler und Manipulationsmöglichkeiten
steigen sprunghaft an 39
4.5. Zu den tieferen Ursachen der Fehlerentstehung
in Differenzierungs-/Zerlegungsprozessen 41

III. Mythos „Null-Fehler-Qualität" 45
1. Der Kreislauf der „ständigen Verbesserung"… 45
2. Das Nullfehlerproblem I: Der Black Belt
als Erbsenzähler 46
3. Das Nullfehlerproblem II: In der Vergangenheit
gefangen 49

IV. Modernes Qualitätsmanagement und seine Folgen 57

1. Wie Qualitätsmanagement Mitarbeiter demotiviert 57
1.1. Die Rolle der Mitarbeiter im QM 57
1.2. Unvermeidbare allgemeine Mitarbeiterprobleme 59
1.3. Das zentrale Mitarbeiterproblem im QM 62
1.4. Mitarbeiterverhöhnung und Mitarbeitererpressung im QM 66
1.5. Die Zauberlehrlinge: Wie aus Mitarbeiterproblemen im QM immer mehr Unternehmensprobleme werden 68

2. Wie Qualitätsmanagement zum Wissensverlust in Unternehmen führt 72
2.1. Das Messproblem I: Messen heißt „Relativieren" 73
2.2. Das Messproblem II: Nicht alles, was zählbar ist, zählt und nicht alles, was zählt, ist zählbar (Albert Einstein) 74
2.3. Das Messproblem III: Die Fehlerhaftigkeit von Qualitätsmessungen 77
2.4. Wissensverlust durch den eindimensionalen Umgang mit Komplexität 80
2.5. Wissensverlust durch das Festhalten an bestehenden Fehleinschätzungen 86
2.6. Wissensverlust durch den Glauben an Beherrschbarkeit 91

3. Wie Qualitätsmanagement die Qualität von Produkten und Dienstleistungen verschlechtert 94
3.1. Sinkende Qualität als Folge der Mess-, Prozess- und Nullfehlerproblematik 94
3.2. Sinkende Qualität durch Messungen 96
   Beispiel: Pflegedienstleistungen 96
3.3. Sinkende Qualität durch fehlerhafte Messungen 98
   Beispiel: Schülerbewertungen 99
3.4. Sinkende Qualität der Produkte durch „ständige Verbesserung" der Prozesse 100
   Beispiel: Service von Telekommunikationsunternehmen 101
3.5. Sinkende Qualität durch die Ausnutzung von Grenzwerten 103
3.6. Sinkende Qualität durch weitere Manipulationen im Vorfeld von Messungen 105

3.7. Sinkende Qualität durch starre „0-Fehler"-Vorgaben 107
    Beispiel: medizinische Versorgung 107
3.8. Sinkende Qualität durch falsche Prioritäten 111
    Beispiel: Das Produkt „Risikomanagement" 112
3.9. Sinkende Qualität durch die Neudefinition
    traditioneller Begriffe 113
    Beispiel: Das Produkt „nachhaltige Geldanlage" 115
3.10. Sinkende Qualität durch Zertifizierungsverfahren,
    durch interne und externe Audits 116
3.11. Immer weiter sinkende Qualität mit Hilfe
    von Benchmarking, Rankings und Ratings 118
    Beispiel: Schulausbildung und Pisa-Studie 120
    Beispiel: Rating der Abiturprüfungsergebnisse 122
    Beispiel: Universitätsrankings 123

4. **Wie Qualitätsmanagement Wert und Gewinn
    reduziert und Kosten explodieren lässt** **125**
4.1. Aus Qualität werden Kennzahlskelette – Vorboten
    ideeller und finanzieller Verluste 125
4.2. Wie sich im QM Kosteneinsparung gedacht wird 127
4.3. Milchmädchenrechnungen: Kosten-Nutzen-„Analysen"
    im QM 129
4.4. Kosten, die in den QM-Kosten-Nutzen-Analysen
    ignoriert werden 133
4.5. Die erträumten Kosteneinsparungen - und die Realität 135
4.6. Beispiele zur Kostenproblematik 139
    Vergleich von in- und ausländischer Produktion mit
    den Kennzahlen „durchschnittliche Personalkosten",
    „Personalkosten pro produzierte Einheit",
    „Personalkostenanteil am Verkaufspreis" usw. 139
    Vergleich von Verwaltungen mit der Kennzahl
    „Gesamtarbeitszeit je Fall" 141
    Umwandlung einer Forschungseinrichtung in ein
    Profitcenter-Unternehmen 144
    Vergleich von Arztpraxen mit der Kennzahl
    „Personalkostenquote" 147

**5. Wie Qualitätsmanagement das Management
   entmachtet** **149**
5.1. In den eigenen Strukturen gefangen: QM als innerer
     Schraubstock von Organisation und Management 149
5.2. Wie konnte es soweit kommen? 151
5.3. Wie Manager beim Versuch den inneren Schraubstock
     zu lockern, immer unbeweglicher werden 155
5.4. Weshalb auch von „außen" keine Hilfe zu erwarten ist 159

Schlussbemerkung **162**

I. Was ist Qualität und um worum geht es im Qualitätsmanagement?

1. Der allgemeine Qualitätsbegriff

Qualität steht im Allgemeinen für „Gutes", für das was sich alle wünschen, für das Unzweifelhafte, für Sinn und Verstand. Qualität erscheint als ein Wert an sich, der nicht weiter begründet werden muss.

Aber leider ist das oft so mit dem Guten: nicht jeder ist davon begeistert. Für manch einen ist es ein Graus, was sein Nachbar als „Qualität" empfindet. Man gehe nur durch ein Neubaugebiet und betrachte dort ein auf skandinavische Art gebautes 3 Liter-Energiespar-Öko-Haus neben einem futuristischen Designerhaus mit allem technischen Komfort. Beide Hausbesitzer werden begeistert sein von der Qualität, die sie sich da geleistet haben und dennoch darüber hinaus kaum auf einen gemeinsamen Nenner kommen.

Qualität ist immer beides. Sie ist etwas Relatives und Subjektives, das sich je nach individueller Sichtweise ändert. Und gleichzeitig bleibt unleugbar, dass Menschen sehr wohl zwischen Gut und Schlecht, zwischen Richtig und Falsch unterscheiden können. Unhinterfragbare, „objektive" Qualitätskriterien für technische Produkte sind beispielsweise Funktionalität, Haltbarkeit, Umweltfreundlichkeit, Bedienungs- und Wartungsfreundlichkeit. Auch Lebensmittel gelten dann allgemein als qualitativ gut, wenn sie alle notwendigen Nährstoffe, Mineralstoffe und Vitamine enthalten und gleichzeitig wenig schadstoffbelastet sind.

Die Doppelbödigkeit des Qualitätsbegriffs kann auf eine Paradoxie zurückgeführt werden, die im Folgenden anhand der näheren Betrachtung zweier Qualitätskriterien für Kleidung – „modisch" und „wärmend" - näher betrachtet werden soll. Um diese beiden Eigenschaften definieren zu können, muss die Grundregel des Definierens beachtet werden: der zu definierende Begriff darf nicht in der Erklärung enthalten sein. Die Qualitätsmerkmale „modisch" und „wärmend" müssen also beschrieben werden ohne dass diese Begriffe in der Beschreibung genutzt werden. Was ist Mode? Nach einer Definition aus dem Brockhaus: „schneller als der Stil einer Epoche sich wandelnde Geschmack einer Kultur, Zivilisation oder Lebensweise. Mode wird kurzfristig, unvorhersagbar und willkürlich verursacht." Was ist aber Geschmack, Kultur, Zivilisation? Auch die Definition dieser Begriffe erfordert den Bezug auf weitere Begriffe, die ihrerseits erläutert werden müssen. Der Versuch zu definieren, was „modisch" ist, endet also... überhaupt nicht. Ob einem Kleidungsstück das Qualitätsmerkmal „modisch" zugeschrieben werden kann, hängt von einer Unzahl von Kriterien ab (auf die sich zwei konkurrierende Designer niemals einigen würden). Die Beschreibung des Merkmals „modisch" führt also ins Uferlose, in einen sog. „infiniten Regress". Es ist möglich, Aussagen über dieses Merkmal zu machen, aber es ist dennoch unmöglich, es sicher zu fassen.

Vielleicht kann aber das Qualitätsmerkmal „wärmend" besser beschrieben werden. Die Eigenschaft „wärmend" bedeutet, dass eine bestimmte Körpertemperatur aufrechterhalten bleibt. Was ist Temperatur? Die Temperatur bemisst sich nach der Ausdehnung bestimmter Stoffe. Was ist Ausdehnung? Ausdehnung ist nicht nur die Haupteigenschaft des Raumes (dieser Aspekt kann hier getrost vernachlässigt werden), sondern die Änderung der Temperatur durch Hitze (Erwärmen).Was bewirkt die Änderung der Körpertemperatur durch Erwärmen? Nun ist die Aussage nicht mehr zu vermeiden: es ist „Wärme"! Man hat sich somit einen Zirkel gedacht, in einen „circulus vitiosus"[1]. Ein solcher Zirkel ist einerseits sicher richtig, andererseits aber auch aussagenlos.

---

[1] Vgl. Wörterbuch für Philosophie. Leipzig 1923, Eintrag zum Stichwort „circulus vitiosus" von F. Mauthner

In diesem Fall heißt es also: Wärme = Wärme. Das Qualitätsmerkmal „wärmend" ist dann gegeben, wenn das Kleidungsstück „wärmt".

Das Problem jeder Definition von „Qualität" besteht also darin, dass man ein einzelnes Qualitätsmerkmal nur definieren kann mit Bezugnahme auf das Drumherum, eben auf „das Ganze". Die Gefahr, sich in diesem Ganzen zu verlieren (in einem „infiniten Regress") ist dabei ebenso groß wie die Gefahr in einer zirkulären Argumentation zu enden (in einem circulus vitiosus).

Dennoch - die Paradoxie des Qualitätsbegriffs ist in der Zeit vor dem „Qualitätsmanagement" niemals ernsthaft Anlass dafür gewesen, die Suche nach echter Qualität aufzugeben. So wurde mit Bezug auf entsprechende, traditionsreiche Diskurse in der Philosophie gesagt, dass Qualität, das wirklich Gute und Richtige, sprachlich zwar nur unzureichend gefasst und beschrieben werden kann, dass Qualität sich aber in der Erfahrung von Sinn und Nutzen verwirklicht. Echte Qualität beinhaltet damit Werte, die kultur- und zeitunabhängig Gültigkeit haben – eben Werte, die alle Menschen berühren.

2. „Qualität" im Qualitätsmanagement

Im QM werden nicht einmal im Ansatz die Anforderungen an „Qualität" gestellt, die im Allgemeinen unhinterfragt vorausgesetzt werden. In aller Regel wird sich hinsichtlich einer konkreten Definition ausgeschwiegen. In QM-Insiderkreisen nimmt man heute – wenn eine Definition ganz und gar nicht zu vermeiden ist - am ehesten auf eine Qualitätsdefinition Bezug, nach der Qualität dann gegeben ist, wenn vorab gestellte Anforderungen im Verlauf eines Herstellungsprozesses erfüllt werden. Qualitätskriterien werden nach diesem Verständnis allein aufgestellt und vorgegeben durch die Entscheider in der Organisation. Die Unternehmensleitung „stellt die Anforderungen" – und wenn diese dann erfüllt werden, ist das Qualität.

In Tabelle 1 wird der allgemeine Qualitätsbegriff dem Qualitätsbegriff aus dem QM gegenüber gestellt. Während

Qualitätsbegriff allgemein	Qualitätsbegriff im Qualitätsmanagement
Qualität ist die **Güte** bzw. der **Wert** eines Produktes	Qualität ist der Grad, in dem vorab gestellte **Anforderungen erfüllt** werden.
Wert hier: „Vortrefflichkeit", die erst durch „Erfahrung" wahrgenommen werden kann.	Wert hier: Gewinn, der entsteht, wenn das Produkt/die Dienstleistung bestimmte Anforderungen zu akzeptablen Kosten erfüllt.
Wert wird maßgeblich bestimmt durch den **Nutzen** Im Vordergrund steht der „Gebrauchswert" (Grad der Verwendbarkeit, subjektiver Wert)	Wert wird maßgeblich bestimmt durch den **Gewinn** Im Vordergrund steht der „Tauschwert" (Verkehrswert, objektiver Wert)
Qualitätsbestimmende **Werte (Nutzenzuschreibungen) sind weitgehend unabhängig von Zeit und Kultur.** Ein Qualitätsprodukt soll beispielsweise funktional, haltbar und einfach zu bedienen und zu warten sein.	Qualitätsbestimmende **Anforderungen (Standards) lassen sich** unabhängig von allgemeinen Wertvorstellungen relativ **beliebig entscheiden**: „Es ist eine falsche Annahme, dass Qualität Güte oder Luxuriösität bedeutet... Wenn wir Qualität handhaben wollen, müssen wir Qualität als *Übereinstimmung mit den Anforderungen* definieren... Wenn ein Cadillac alle Anforderungen an einen Cadillac erfüllt, dann ist er ein Qualitätsauto" (Crosby 1980)[2]

Tabelle 1: Vergleich des allgemeinen Verständnisses von Qualität mit dem Qualitätsbegriff im QM

---

[2] P.B. Crosby (1980). Quality is Free. New York: Mentor, S. 14/15

der allgemeine Qualitätsbegriff sich an traditionellen Wertmaßstäben orientiert, erscheint der QM-Qualitätsbegriff völlig inhaltsleer. Die umfangreichen Erläuterungen und Anmerkungen, die diesen Begriff nicht selten begleiten, unterstreichen den Eindruck, dass hier etwas „definiert" wurde, was eigentlich völlig im Dunkeln bleiben soll. Der kaum vorhandene Aussagegehalt der knapp gehaltenen Qualitätsdefinition wird durch solche Anmerkungen nicht erhellt, sondern noch einmal relativiert und abwiegelt. Am Ende bleibt ein gespenstig blutleerer Satz von Worthülsen, allzeit bereit auch mit Absurditäten und Dummheiten jeder Art gefüllt zu werden.

Während einerseits im QM echte Qualität auf eine beliebige Beliebigkeit reduziert werden kann, soll aber auch hier „Wert" geschaffen werden. Und zwar Wert, den man messen kann. Wert, der ohne Wenn und Aber in großen und in kleinen Scheinen nachgezählt werden kann. Die heutige Wirtschaftskrise ist ein Zeichen dafür, dass solche Berechnungen auf Kosten von Kunden, Mitarbeitern und Gesellschaft und schließlich auf Kosten der Unternehmen selbst für eine gewisse Zeit aufgehen können. Eine verkürzte Qualitätslogik ist aber nicht nur Mitauslöser der Krise. Die feste Verankerung dieser Logik in fast allen gesellschaftlichen Bereichen, in qualitätsgemanagten Schulen und Krankenhäusern, in Wohlfahrtsorganisationen und Universitäten, ist ein guter Grund auch in Zukunft an ihr festzuhalten. Fragen nach echter Qualität und nach allgemeingültigen Werten in Produkten und Dienstleistungen gelten so auch angesichts ganz offensichtlicher Probleme als Ketzerei unbelehrbarer Idealisten.

3. Die Vorgehensweise im Qualitätsmanagement

Im QM hat „Qualität" also wenig mit einer allgemeinen „Güte" oder anerkannten „Werten" zu tun. Es geht vielmehr darum, Prozesse und Produkte so zu gestalten, dass sie vorab aufgestellten Zielen und Kriterien entsprechen. Dabei folgt das QM im wesentlichen den Schritten klassischer Unternehmensplanung, deren Grundlage ebenfalls festgelegte strategische und operationale Zielvorgaben sind. Der Unterschied zur herkömmlichen Planung ist jedoch der Totalitätsanspruch im QM. Dieser bezieht sich nicht nur auf die Planungsthemen (**ALLES soll** geplant werden), die Planungszeit (**SOFORT und GLEICHZEITIG**) und den Auflösungsgrad der Planung (**HOCHDIFFERENZIERT**), sondern auch auf die Richtigkeit (**und ohne FEHLER**) und Lenkbarkeit der Ergebnisse (Prozesse sollen **BEHERRSCHBAR sein**).

Wie sollen diese Allmachtsziele – deren Verfolgung in der historischen Entwicklung schon immer problematisch war - aber erreicht werden? In jeder Organisation stellen sich die Dimensionen einer überbordenden Komplexität auf ihre Weise dar. Planung hat die Gestaltung und Ordnung einer Unzahl verschiedener Arbeitsschritte sowie die Abstimmung dieser Schritte untereinander zum Gegenstand. Im QM bemüht man sich darum, Komplexität durch ebenso komplexe Planungsverfahren zu beherrschen: durch die penible Zerlegung des organisationalen Geschehens in erfassbare Einzelteile, durch ununterbrochene Kontrollprozesse und durch das unermüdliche Zusammentragen von Datensätzen. So ist man im QM immer beschäftigt, gründlich nachzuzählen, wie viel Zeit Mitarbeiter für einzelne Aufgabe benötigen, wie häufig Kunden sich beschweren, wie viele Aufgaben Schüler in Vergleichstest lösen konnten... Jeder, der solche Zählprozeduren beklagt, wird von den Qualitätsmanagern belehrt, dass später nur verbessert werden könne, was vor- und hinterher gemessen werden kann.

Wenn dann schließlich alles gesammelt und gezählt wurde, was hierfür geeignet scheint, geht es in einem weiteren Planungsschritt darum, die so untersuchten Prozesse auf neue Weise zu handhaben. In der herkömmlichen Planung beinhaltet dieser Schritt vor allem die Optimierung der gegebenen Abläufe. Im QM strebt man in dieser Planungsphase nach weit Höherem: „Beherrschte Prozesse" und „O-

Fehler-Qualitäten" scheinen allein angesichts der Fülle der gesammelten Daten möglich zu sein.

Berücksichtigt man den Umstand, dass es im QM weniger um technische als vielmehr um soziale Prozesse, eben um Prozesse des Managens, geht, sind solche Ansprüche erstaunlich. Jeder Organisationswissenschaftler weiß, dass in sozialen Prozessen nicht allzu viel beherrscht und oft nur das Unwesentliche gemessen werden kann. Auch wenn alle fassbaren Abläufe in Form unzähliger, kleinschrittig differenzierter Dokumente – eben wie ein echtes goldenes Kalb der Vielheit – zu einem beachtlichen Gebilde zusammengefügt werden können, ist darin meist nicht viel Wahrheit enthalten. Die kleinsten Prozessteilchen, die dort in den Gräbern der Datenfriedhöfe liegen, sind weniger Wahrheit als vielmehr das traurige Ende einer Zerteilung…

Zerrissene Sinnzusammenhänge sind das Ergebnis des modernen Glaubens, Komplexität könne durch Komplexität beherrscht werden. Ein echtes „Verbessern" durch Planung ist weit mehr als die bloße Feststellung einer Übereinstimmung mit Vorgaben. Der bemühte Versuch Verbesserungen in Messreihen sichtbar zu machen ist etwas anderes als die Verbesserung selbst. So kann man auch lernen ohne dass all das neue Wissen gemessen/getestet werden kann. Produkte können durch Rohstoffe höherer Güte und entsprechende Verarbeitung eine Qualitätsstufe erreichen, die den vorhandenen Messinstrumenten nicht zugänglich ist. Allein die Reduktion auf das Wesentliche eröffnet „unzählbare" Möglichkeiten für Verbesserungen von Produkten und Dienstleistungen.

Im Folgenden werden verschiedene Aspekte der Sinnproblematik im QM näher betrachtet. Dabei wird deutlich werden, auf welche Weise im Qualitätsmanagement Qualität, Wissen, Motivation, Erfindergeist, materielle und finanzielle Ressourcen und nicht zuletzt Werte und Moral geopfert werden.

II. Mythos „Prozessorientierung"

1. Das Prozessproblem I: Prozesse und Strukturen sind zwei Seiten derselben Sache

Prozesse werden im QM gern mit Veränderung, Bewegung, Fortschritt und Geschwindigkeit gleichgesetzt, während Strukturen für Stillstand und Unbeweglichkeit stehen. Unzweifelhaft hat sich die Qualitätsbewegung die Orientierung an Prozessen auf die Fahnen geschrieben. Dynamische Prozesse sollen in einer qualitätsgemanagten Organisation endlich die verkrusteten Strukturen beherrschen! Eine nähere Betrachtung zeigt aber, dass Prozesse und Strukturen untrennbar miteinander verbunden sind und dass ihre Unterscheidung ein sehr künstliches Gebilde ergibt.

Schauen wir uns in Abbildung 1 eines der berühmten Bilder von M.C. Escher an. Wir meinen auf den ersten Blick erkennen zu können, was hier wie in Bewegung ist: fliegende Vögel. Diese Einschätzung treffen wir aufgrund früherer Erfahrungen, mit deren Hilfe wir Neues einordnen und interpretieren. Wir wissen wie ein Vogel aussieht und wir wissen, wie es aussieht, wenn Vögel fliegen. Bei der Betrachtung von Abbildung 1 vergleichen wir also die in der Zeichnung gegebenen Strukturen mit einer Struktur, die in unseren Köpfen bereits gespeichert ist.

Betrachten wir uns nun die Abbildung genauer. Was sind das für Vögel? Wohin fliegen sie? Und um welche Tageszeit findet der Flug statt? Als Betrachter ist es unmöglich, das herauszufinden. Handelt es sich hier um weiße Vögel, die mitten in der Nacht das Bild von links nach rechts durchziehen? Oder sind es schwarze Vögel, deren Bewegung am helllichten Tag von rechts nach links erfolgt? Egal wie lange wir das Bild betrachten, wir werden diese Fragen nicht beantworten können.

Es gäbe nur eine Möglichkeit, diese Fragen sicher zu beantworten. Wir müssten das Bild in Bewegung sehen. In der Bewegung kann entschieden werden, was sich da bewegt (schwarze oder weiße Vögel), wie es sich bewegt (von links nach rechts oder umgekehrt) und wann es sich bewegt (tags oder nachts). Strukturen können gesehen werden in der Bewegung. Durch Bewegung, durch „Prozesse", sind Strukturen, eben die „abgrenzbaren und konstant bleibenden Einheiten", erkennbar.

Abb. 1: Tag und Nacht, von M.C. Escher[3]

Aber umgekehrt gilt ebenso: Nur durch unveränderliche Strukturen, durch fest abgrenzbare Einheiten, können Bewegung und Veränderung, eben „Prozesse" erkannt werden. Die Wahrnehmung von Prozessen setzt voraus, dass es gleichzeitig Dinge gibt, die konstant (also „Struktur") blei-

---

[3] Acknowledgement: M.C. Escher´s „Day and Night", © 2008 The M.C. Escher Company-Holland. All rights reserved.www.mcescher.com

ben. In der Abbildung gäbe es ohne die Struktur der Vögel auch keine Bewegung, keine Prozesse zu erahnen.[4] Struktur und Prozess sind zwei Seiten der gleichen Sache. Wenn im QM die prozessorientierte Sichtweise einer strukturorientierten Betrachtung vorgezogen wird, haben damit in der Realität weder Strukturen an Bedeutung verloren, noch Prozesse an Wichtigkeit gewonnen. Jeder Prozess wird durch Strukturen erzeugt und erzeugt am Ende selbst wieder Strukturen.[5]

---

[4] Ebenso setzt die Beschreibung von Prozessen des Stoffwechsels voraus, dass es Strukturen (Menschen, Tiere, Pflanzen, Himmel und Erde...) gibt, die sich zumindest für eine gewisse Dauer voneinander abgrenzen lassen. Die Künstlichkeit solcher Strukturen, die sich durch jeden geringfügigsten Stoffwechselvorgang, durch jeden Atemzug, zeigt, wurde je nach religiösen und kulturhistorischen Gegebenheiten auf andere Weise beschrieben und verweist damit gleichzeitig auf die Illusionen einer Abgrenzbarkeit von Struktur und Prozess.

In der Physik soll das Relativitätsprinzip verdeutlichen, dass Bewegung (Prozesse) immer nur „relativ" zu anderer Bewegung (Prozessen) beschrieben werden kann und es lediglich eine Frage der illusionären Gewohnheit ist, wenn man von einem Ding annimmt, es befinde sich (als „Struktur") in einem Ruhezustand. Dabei ist freilich zu bedenken, dass auch die Erhellung des blinden Fleckes dieser relativistischen Betrachtungsweise, die bspw. im Buddhismus durch das Konzept der „Leere" oder bei Aristoteles im Konzept der „absolute Ruhe" zum Ausdruck kommt, das Rätsel von Bewegung und Stillstand, von Prozess und Struktur, mit umgekehrten Vorzeichen – eben mit der Ignoranz jeglicher Bewegung – ebenso plausibel auflösen könnte. Den Schriftgelehrten aller Religionen und den bedeutendsten Philosophen gilt diese ruhige Leerheit und nicht etwa ein bewegtes, deterministisches oder gar chaotisches Prozessieren als wahrer, unveränderbarer Zustand allen Seins. Die Frage also, ob Ruhe eine bestimmte Form der Bewegung (Struktur Ausdruck von Prozessen) oder aber Bewegung eine bestimmte Form der Ruhe (Prozesse Ausdruck von Struktur, vgl. auch Anm. 10) ist, bleibt so unentscheidbar und unbeantwortbar.

[5] Auch so genannte „Rekursionen" beschreiben die paradoxe Ununterscheidbarkeit von Strukturen und Prozessen. Sprachlich oder mathematisch fundierte Argumentationssysteme (Theorien) kehren – unter der Voraussetzung, dass „richtig" argumentiert wurde – nämlich immer wieder „selbstbezüglich" auf ihre Anfangspunkte zurück und bilden in dieser schleifenartigen Bewegung feste Strukturen, die nur durch diese rekursive Wiederholung sichtbar werden. In jedem guten Lexikon, das ja auch seine Begriffe mit Hilfe von Begriffen erklärt, die ihrerseits (mit Hilfe von

Wenn beispielsweise ein Qualitätszirkel (eine Arbeitsgruppe) mit dem Ziel eingerichtet wird, den Prozess der Fertigung von Grund auf zu ändern, wird den Mitgliedern dieses Zirkels oft ein großer Gestaltungsspielraum eingeräumt. Der Teamleiter wird dies durch entsprechende Kommentare zum Ausdruck bringen: „Stellen Sie sich vor, Sie fangen ganz von vorne an. Vergessen Sie die alten Abläufe. Sie haben in den nächsten Tagen vollkommene Gestaltungsfreiheit. Denken Sie das Undenkbare!" Wer glaubt nicht, dass wenn nun alles in Bewegung gerät, endlich die Prozesse die „verkrusteten Strukturen" dominieren.

Jeder Teilnehmer eines solchen Zirkels weiß aber wie ein solcher Aufbruch in den schließlich mit Flipchartbögen und Metaplanwandzeitungen tapezierten Tagungsräumen endet. Denn wenn auch das Undenkbare gedacht wird, die Macht des Faktischen, die bereits bestehenden Verhältnisse, eben die vorab vorhandenen Strukturen, werden radikale Veränderungen verhindern. Und auch die Veränderungen, die von einem solchen Qualitätszirkel schließlich eingeleitet werden, werden in dem Prozess der „Implementierung" (der Umsetzung) wieder zu festen Strukturen, also zu Vorgaben, an die sich alle halten müssen.

Die rhetorische Hervorhebung der Prozesse im QM verdeckt und ignoriert die Sicht auf die dahinter und davor stehenden Strukturen. Dass diese Ignoranz für eine Organisation gefährlich ist und letztendlich jeden weiteren Fortschritt verhindern kann, wurde in den 80iger Jahren in der Organisationstheorie ausführlich thematisiert und soll hier im Abschnitt III „Mythos Nullfehlerqualität" behandelt werden...

Begriffen, die ihrerseits... usw.) erklärt werden, wird diese zirkuläre Selbstbezüglichkeitsproblematik anschaulich offenbar. Vgl. hierzu Kapitel III, Abschnitt 3 oder zum Beispiel D.R. Hofstadter (2003). Gödel, Escher, Bach – Ein endlos geflochtenes Band. München: DTV, S. 137ff.

2. Das Prozessproblem II: Prozessorganisation gegen Funktionsorganisation – ein Scheingefecht

Unternehmen und Verwaltungen können auf unterschiedliche Weise aufgebaut, eben strukturiert sein. Aus dem sog. „Organigramm" ist die Struktur einer Organisation ablesbar. Alle Prozesse, alle Handlungsabläufe und Vorgänge orientieren sich an diesen strukturellen Vorgaben. Eine traditionelle Organisationsform ist die „Funktionsorganisation", die in Abbildung 2 vereinfacht skizziert ist.

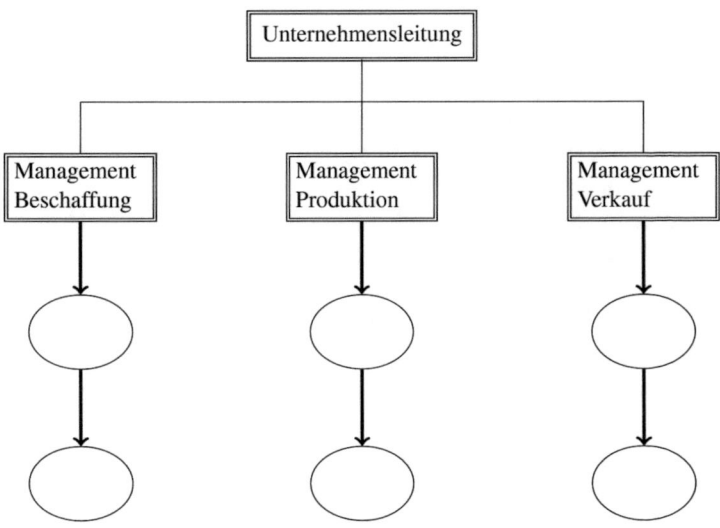

Abb. 2: Prozessbetrachtung in der Funktionsorganisation

Die Entscheidungsprozesse von oben nach unten sind hier weitgehend durch die hierarchischen Gegebenheiten festgelegt, während die Entscheidungsprozesse horizontal, also von links nach rechts, immer wieder neu zwischen den Abteilungen abgestimmt werden müssen. Im OM ist man nun der Meinung, dieses Modell sei hoffnungslos überholt. Lediglich Unternehmen, die auf immer gleicher Weise die immer gleichen Produkte für immer gleich angenommene Kunden fabrizieren würden, könnten – mangels echter (dynamischer!) Herausforderungen in dieser Gleichförmigkeit - getrost an der Struktur einer Funktionsorganisation festhalten.

Der Funktionsorganisation wurde deshalb die „Prozessorganisation" entgegengestellt (vgl. Abbildung 3). Hier erfolgen die maßgeblichen Entscheidungsprozesse wie in einer um 90° gedrehten Funktionsorganisation.

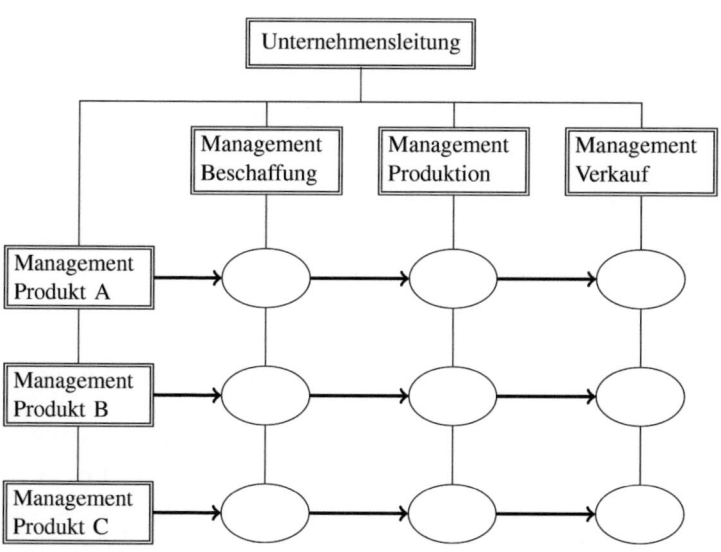

Abb. 3: Prozessbetrachtung in der Prozessorganisation

Die Entscheidungsstrukturen werden nicht mehr vertikal, sondern horizontal festgelegt. Prozess-/Produktmanager lösen die früheren Abteilungsleiter in ihrer Verantwortung ab. Die problematischen Schnittstellen bestehen dann nicht mehr zwischen den Abteilungen, sondern zwischen den Verantwortungsbereichen der jeweiligen Prozessmanager. Aushandlungsprozesse zwischen den Prozessmanagern finden in dieser Organisationsstruktur dann vertikal ggf. unter Einbeziehung der (früheren) Abteilungsleiter statt, die in der Prozessorganisation dann bestenfalls Stabsstellenfunktionen innehaben.

Der Gewinn einer solchen Umkehrung bleibt jedoch im Dunkeln. Prozesse haben in der sog. Prozessorganisation ganz offensichtlich keine andere, geschweige denn „mehr" Bedeutung als in der funktionalen Organisation. Im QM wird hier argumentiert, dass die wichtigen Prozesse in einer Organisation nicht in den Abteilungen, sondern quer durch die Abteilungen verlaufen würden. Die Betrachtung des Organigramms einer Organisation sollte deshalb immer von links nach rechts erfolgen. Das ist ungefähr so, als würden Betrachter eines Gemäldes oder einer Landschaft aufgefordert, besser von links nach rechts als von oben nach unten zu gucken, um das Wichtigste zu erkennen. Noch kurioser ist die im QM häufig vorgebrachte Unterstellung, dass es sich zwar bei den horizontalen Organisationsabläufen um Prozesse, also um Handlungsvorgänge, handelt, bei den vertikalen (Abteilungs-) Abläufen aber nicht.

Die Problematik struktureller Festlegungen der Entscheidungsprozesse in Organisationen bleibt immer die gleiche: Unabhängig davon wie diese Festlegungen erfolgen – mit der Bestimmung der Entscheidungsträger werden auch gleichzeitig diejenigen bestimmt, die nicht entscheiden sollen. Deren Kompetenz ist aber dennoch manchmal die wichtigere. Zur Lösung dieses Problems wird im QM auch vorgeschlagen, die Funktionsorganisation nicht durch die Prozessorganisation zu ersetzen, sondern lediglich durch die zusätzlichen Prozess-/Produktmanager auf der horizontalen Ebene zu ergänzen.

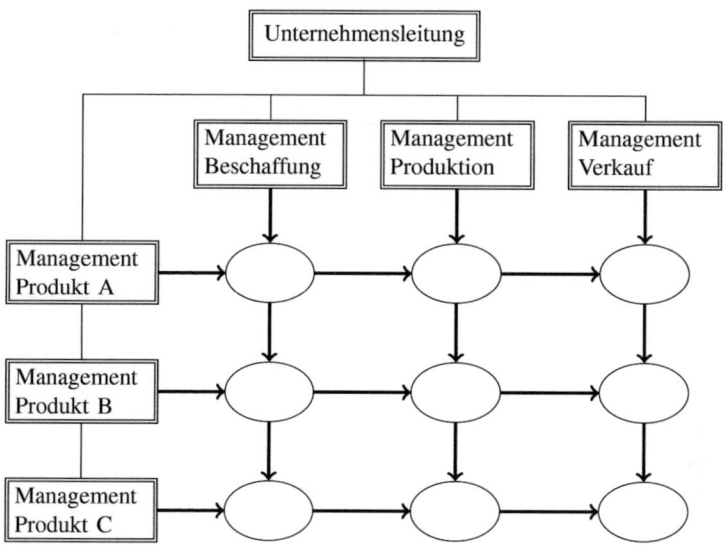

Abb. 4: Prozessbetrachtung in der Matrixorganisation

In der Praxis einer solchen „dualen" Organisationsform (oft auch „Matrixorganisation" genannt, vgl. Abb. 4) würden dann Entscheidungsprozesse wie im folgenden Beispiel verlaufen:

Die Geschäftsleitung eines Handyherstellers sieht Absatzprobleme als Folge von Versäumnissen in der Produktentwicklung, während die prozessverantwortliche Produktmanagerin Versäumnisse im Marketing beklagt. In der Fertigungsabteilung hat man erkannt, dass ein Problem bei den Zulieferteilen die Benutzerfreundlichkeit einschränkt. Der für Benchmarking zuständige Controller hat überdies festgestellt, dass die Preisgestaltung bei den Handys nicht marktgerecht ist. Er hält eine Preisreduzierung zur Absatzankurbelung für dringend geboten.

Was also tun? „Prozessorientiert" aus der „besseren horizontalen" Perspektive die Vorschläge der Prozess-

/Produktmanagerin gegenüber allen anderen bevorzugen? Mit welchen Argumenten aber? In der dualen Organisation könnten nun Entscheidungen zeitgleich sowohl durch die Produktmanagerin, die Verantwortlichen der Fertigungsabteilung als auch durch die Geschäftsleitung und den Controller getroffen werden. Damit wäre ein größtmögliches Verändern (horizontal, vertikal, mittig...), ja ein geradezu „multidimensionales Prozessieren" gewährleistet. Alles könnte „just in time", aus dem Stand und mit einem Schlage also, entschieden und gelöst werden. Dann würden in unserem Beispiel mit Hilfe eines höheren Werbeaufwandes kostenintensiver hergestellte und benutzerfreundlichere Handys zu einem geringeren Preis auf den Markt gebracht. Am Ende dieser Prozesskette stände dann wohl der unvermeidbare Konkurs unseres Handyherstellers mit dualer Prozessorganisation.

Deutlich wird an diesem Beispiel, dass es nicht möglich ist, unterschiedliche Entscheidungsrichtungen zu verfolgen und dabei gleichzeitig die Problematik von Abstimmungsprozessen zu reduzieren. Von oben sehen Probleme anders aus als von unten, von der Mitte anders als von der Seite. Aushandlungsprozesse werden nicht einfacher, wenn durch die Einfügung von Prozess-/Produktmanagern - die Anzahl der Entscheider steigt. Sie werden nicht besser, wenn die Entscheidungsstrukturen vollständig horizontal statt vertikal verlaufen. Die hier beschriebene Problematik ist nicht neu. Aus Erfahrungen der Funktionsorganisation mit Projektteams, mit Stabsstellen und -abteilungen, die ja auch das Ziel haben, organisationsrelevante Fragestellungen zu bearbeiten, die nicht in den Abteilungen ausreichend gut gehandhabt werden können, ist diese Problematik in der Organisationstheorie schon immer bekannt. Das Etikett „Prozessorganisation" verstellt sowohl den Blick auf solche vorhandenen Erfahrungen als auch auf Lösungen der Entscheidungsfindung in Organisationen, die diesen Namen verdienen.

3. Das Prozessproblem III: Die Potenzierung der „Schnittstellen"

Mit dem ursprünglich aus den Naturwissenschaften stammenden Begriff „Schnittstelle" oder „Interface" wird versucht, die „Grenze zwischen zwei Systemen" zu bezeichnen. Diese Grenze ist dabei paradox konstruiert. Sie ist einerseits nicht überschreitbar, weil jedes System lediglich in Bezug auf sich selbst agieren/operieren kann und somit für andere Systeme eine „black box"[6] darstellt. Gleichzeitig wird Kommunikation dort möglich, wo die jeweiligen Oberflächen passgenau zusammentreffen.

Diese technische Schnittstellenbeschreibung kann auch auf soziale Prozesse, in denen die Schnittstelle Mensch//Mensch betrachtet wird, angewandt werden. Man kann hier sagen, dass jedes psychische System (jeder „Mensch") in einer geschlossenen, nur auf sich selbst bezogenen Weise operiert (also denkt, entscheidet und handelt).[7] Systemübergreifende Kontakte sind unmittelbar nicht möglich. Man kann zwar einem anderen seine Gedanken mitteilen, aber diese nicht direkt unmittelbar in dessen gedankliche Aktivitäten einschleusen. Der Begriff „Schnittstelle" bezeichnet also nicht nur eine „schlichte Grenze", die mit den richtigen Mitteln überwunden werden kann, sondern er bezeichnet die Problematik letztlich unvermeidbarer Reibungsverluste, die aufgrund der unterschiedlichen Operationsweisen verschiedener Systeme auftreten.

Während im physikalisch-technischen Bereich diese Reibungsverluste oft einfach bestimmbar sind, kommen sie in sozialen Prozessen wie dem QM in Wissens-, Informations- und Abstimmungsproblemen und nicht zuletzt in machtpolitischen Auseinandersetzungen zum Ausdruck. Die jeweili-

---

[6] Die black box ist ein Objekt, dessen innerer Aufbau und innere Arbeitsweise nicht bekannt ist und von dem lediglich die äußere Reaktion – eben die an den Schnittstellen – interessiert.

[7] Vgl. hierzu N. Luhmann (1984). Soziale Systeme. Frankfurt/M.: Suhrkamp, S. 593ff.

gen Akteure sind hier im eigentlichen Sinne des Wortes eine „black box", die auch in der Zukunft alles andere als einfach berechenbar sein wird. Im QM wird gern versprochen, dass durch die Umstellung von einer Funktionsorganisation auf eine Prozessorganisation die Schnittstellenproblematik Mitarbeiter//Mitarbeiter reduziert werden kann. Die Mitarbeiter würden allein deshalb weniger „mauern", weil ja nun die in Bewegung gebrachten Prozesse die verkrusteten Strukturen aufbrechen. Wir haben aber im vorigen Abschnitt gesehen, dass in einer sog. „Prozessorganisation" Prozesse nicht anders verlaufen als in der Funktionsorganisation. Und auch die Problematik struktureller Festlegungen wird allen Etikettierungen zum Trotz im QM nicht verkleinert. Ganz im Gegenteil. Allein durch die zusätzlich eingeführten Stellen für Prozess- bzw. Produktmanager legt man sich auf weitere Strukturen fest, die die bereits gegebenen Entscheidungsverhältnisse noch einmal verkrusten. Diese Problematik wird im QM dann dadurch potenziert, dass – wie im nächsten Abschnitt erläutert - Arbeitsprozesse immer kleinschrittiger, also differenzierter, festgelegt werden. Im QM wird so eine Organisation in immer kleinere Einheiten, in immer weitere strukturelle Vorgaben zerstückelt.

Nehmen wir als Beispiel die in der Planung sozialer Dienstleistungen oft beklagte Schnittstelle zwischen einerseits den Sozialarbeitern, die die psychosoziale Situation der Klienten verbessern sollen, und andererseits den Sachbearbeiten, die vor allem für die finanzielle Unterstützung der Klienten zuständig sind. Durch immer genauere behördliche Vorgaben lässt sich das Tätigkeitsspektrum beider Mitarbeitergruppen immer besser voneinander abgrenzen. Aber nicht alles kann geregelt werden. Vor allem die Klienten und ihre sozialen Probleme lassen sich allzu häufig nicht den festgelegten Vorgaben entsprechend „rastern" – und so wären Abstimmungsprozesse zwischen den „Schnittstellen", eben den Sozialarbeitern und den Sachbearbeitern, eine notwendige Voraussetzung sinnvoller Hilfe. Durch die gegebenen strukturellen Vorgaben, die in QM-Prozessen immer weiter differenziert und als beinharte „Standards" vorgegeben werden, ist eine echte Abstimmung nicht mehr möglich. Die professionelle Kompetenz beider Berufsgruppen wird damit ebenso verachtet wie die Menschenwürde der Klienten. Deren Anspruch auf Unterstützung reduziert sich heute nicht nur durch einzelne Paragraphenreiter, sondern durch ganze „Standard"-Kavallerien. Wenn Arbeits- und Entscheidungsstrukturen immer weiter zerteilten Vorgaben folgen, kann nicht gleichzeitig erwartet werden, dass das Miteinander, die Zusammenarbeit unterschiedlicher Organisationseinheiten, sich verbessert. Wie lässt sich also die QM-Phantasie erklären, dass die Herstellung von immer mehr Schnittstellen die Schnittstellenproblematik reduziert? Hier lässt sich nur spekulieren. Vielleicht ist es ja die am Ende von QM-Prozessen unvermeidbar hergestellte Komplexität, die den Beteiligten als sinnloses Chaos erscheint und damit den halluzinogenen Eindruck erweckt, nun seien wirklich alle Strukturen/Schnittstellen in Bewegung gesetzt.

4. Das Prozessproblem IV: Der Verlust von Ganzheitlichkeit

In den vorigen Abschnitten wurde gezeigt, dass die sog. „Prozessorientierung" im QM nichts mit einer neuartigen Handhabung von Prozessen und Strukturen zu tun hat. Auch die Umstellung von der sog. „funktionalen" (bzw. „strukturorientierten") Organisationsform auf eine „Prozessorganisation" beinhaltet lediglich eine Änderung der Betrachtungsrichtung auf die Geschehnisse in einer Organisation. Gleichzeitig wird die Schnittstellenproblematik in sozialen Prozessen wie dem QM eher vergrößert als verkleinert. Der Begriff der „Prozessorientierung" bezieht sich heute aber auf noch etwas Weiteres, das aufgrund seiner Bedeutung im Folgenden ausführlich behandelt wird.

4.1. „Prozessieren" heißt im QM „Immer weiter Differenzieren[8]"

In den Normen und Standards zu QM-Systemen wird jede Tätigkeit als „Prozess" verstanden. Jeder Prozess soll in einer professionellen Weise so erfasst werden, dass er schließlich in Form von Kennzahlen dokumentierbar ist. Alles Geschehen in einer Organisation soll damit hoch differenziert festgehalten werden. Eine möglichst lückenlose Kontrolle aller Organisationsabläufe durch die Leitung und eine ebenso möglichst lückenlose Kontrolle der Leitung selbst soll mit solchen umfassenden Dokumentationen ermöglicht werden.

In den Ausführungsanleitungen zur Prozessorientierung wird oft darauf verwiesen, dass die geforderten Dokumentationen lediglich den Anforderungen entsprechend ausgerichtet sein müssen, ja dass für eine Dokumentation nach der Neuorientierung sogar weniger Papier bzw. Speicherkapa-

---

[8] Differenzieren bedeutet einen „Unterschied feststellen", eine Unterscheidung, eine Teilung vornehmen. Das „Differenzieren" ist einerseits das Gegenteil von „Ver-einheitlichen" und andererseits nicht ohne Bezug auf eine übergeordnete Einheit zu erklären. In der Literatur drückt sich diese paradoxe Thematik bspw. in der Beschreibung der Begriffspaare „Differenz und Einheit", „Unterschiedlichkeit und Gleichheit", „Teil und Ganzes" bzw. „Element und System" aus. Deutlich wird die Paradoxie bereits in der Antike in Zenons Beschreibungen des Verhältnisses von „Teil und Ganzem". Auf ähnliche Weise wurde Anfang des letzten Jahrhunderts die Paradoxie von „Element und Klasse" von Russel beschrieben. In der neuzeitlichen Philosophie waren es beispielsweise Leibniz, Fichte, Hegel und Schelling, die die paradoxe Thematik aufnahmen. Diese Denker sahen in der „Unterscheidung", in der Differenz, ein Trugbild des begrenzten menschlichen Geistes, welches nur durch eine übergeordnete Einheit, ein unteilbares Ganzes, auflösbar ist. Ebenso erfolgen Beschreibungen des Zusammenwirkens von „Element und System" in den verschiedenen Systemtheorien – so z.B. bei Radcliffe-Brown, Wiener, von Glasersfeld und Luhmann - nach einem sich stetig wiederholenden Muster. Insbesondere die Spätschriften von Luhmann lassen die Paradoxie von „Differenz und Einheit" nicht nur in ihrer ganzen - wie er es ausdrückt - „ Schmerzhaftigkeit" deutlich hervortreten, sondern auch in ihrer heilsamen Ununterscheidbarkeit.

zität benötigt werden könnte als vorher. Um aber all die Kriterien zu berücksichtigen, die in den QM-Modellen ausdrücklich genannt werden, werden im Allgemeinen die bereits vorhandenen Dokumentationen nur die höchst mangelhafte Ausgangsposition einer Prozessbeschreibung bilden. Ziel ist schließlich das systematische, klar durchstrukturierte und effektive Erfassen, Analysieren und Planen aller Prozessaspekte. Die Informationen, die hierzu benötigt und verarbeitet werden sollen, beziehen sich nicht nur auf die Prozessleistung und deren Verknüpfung mit anderen Prozesselementen. In die Betrachtung einbezogen werden müssen auch Informationen über Bedürfnisse, Erwartungen und Erfahrungen aller Interessensgruppen (von Kunden, von Eigentümern und Anteilseignern, von Mitarbeitern und Zulieferern, von weiteren gesellschaftlichen Akteuren…) sowie über Leistungen anderer Organisationen. Eine gute Prozessbeschreibung soll also alle nur denkbaren Aspekte, alle fassbaren Perspektiven berücksichtigen.

Das richtige und umfassende Unterscheiden, das richtige Differenzieren, ist aber nicht nur im Rahmen der Prozessplanung von Bedeutung. Auch die Prozessvorschriften – die ja das eigentliche Ziel der Planung sind – sollen differenziert festgelegt werden. Dazu wird versucht, Handlungsabläufe, die vorab nur mündlich (oder gar nicht) kommuniziert wurden, zu erfassen und verbindlich schriftlich zu fixieren. Im QM kommt es also vor allem darauf an, das Wissen der Mitarbeiter so gründlich und differenziert wie nur möglich aus diesen heraus und in die formalisierten Prozessbeschreibungen hineinzubekommen. „Implizites Wissen soll explizit gemacht werden." In den schriftlichen Festlegungen – z.B. im Qualitätshandbuch – werden Arbeitsabläufe immer „genauer", eben „differenzierter" festgelegt. Mitarbeiter werden auf die Einhaltung der so ausdifferenzierten Vorschriften verpflichtet. In einer hoch professionellen Weise soll damit alles Kontrollierbare auch kontrolliert werden.

In Tabelle 2 wird dargestellt, welches die groben Differenzierungsschritte einer Prozessbeschreibung sind. Diese Schritte sind beliebig erweiterbar, in verschiedenen Varianten miteinander kombinierbar wie auch noch einmal genauer zerlegbar. Hinsichtlich der Personalbeschreibungen lassen sich beispielsweise der Schulungsbedarf und die hierarchischen Gegebenheiten in etliche weitere Differenzierungsschritte aufgliedern. Die Arbeitsmittel und die notwendigen Werkstoffe können hinsichtlich vorab definierter Qualitätsanforderungen durch gesetzliche Vorgaben, Kundenwünsche usw. genauer definiert werden.

Prozess-beschreibung	Prozess-input, z.B.	Prozess-ziel	Prozess-kennzahlen	Schnittstellen
Prozessschritt A	Benennung Prozessverantwortlicher Beschreibung notweniger Qualifikationen des Personals Beschreibung der Arbeitsmittel Beschreibung Rohmaterial bzw. Teilerzeugnisse zeitliche Vorgaben usw.	Ziel 1 Ziel 2 Ziel 3 usw.	1.Kennzahl zu Ziel 1 2.Kennzahl zu Ziel 1 3.Kennzahl zu Ziel 1 1.Kennzahl zu Ziel 2 usw.	Schnittstellen mit weiteren Prozessen bzw. Prozessschritten im Unternehmen
Prozessschritt B	siehe oben	s.o.	s.o.	s.o.
Prozessschritt C	s.o.	s.o.	s.o.	s.o.
Prozessschritt D	s.o.	s.o.	s.o.	s.o.
Prozessschritt D	s.o.	s.o.	s.o.	s.o.

Tabelle 2: kleine Auswahl von Differenzierungsschritten in einem Prozess

Tabelle 3 beinhaltet Kriterien nach denen die gegebenen Prozesse im weiteren Verlauf kontrolliert, verbessert und neu festgelegt werden können. Auch hier sind beliebige Ergänzungen, weitere Differenzierungen also, denkbar. Diese beliebige Beliebigkeit wird in der Praxis ausgereizt. So werden in den Handlungsanweisungen zum QM beispielsweise Kriterien aufgelistet, die schließlich festlegen wie Festlegungen festgelegt werden sollen - die also standardisieren wie weitere Standardisierungen standardisiert werden sollen.

Kontrolle und Verbesserung// nach Kriterien	Richtigkeit der Durchführung	Einhaltung der zeitl. Vorgaben	Erreichen d. Ergebnisse	Auftreten von Fehlern
- des gesamten Prozesses				
- einzelner Prozessschritte				
- der Schnittstellenbeschreibungen				
- des Zwecks und Ziels des Prozesses				
- der Eignung der Kennzahlen				

Tabelle 3: kleine Auswahl von Kontroll- und Verbesserungsmöglichkeiten

4.2. Die Problematik des Differenzierens

Wenn einer Sache auf den Grund gegangen werden soll, wenn etwas Unklares untersucht werden muss, dann ist das Differenzieren eine bewährte Methode. Mit Hilfe des Differenzierens kann ein unübersichtliches Ganzes in kleine handhabbare Portionen zerlegt werden. Es kann aus unterschiedlichen (eben „unterschiedenen", „differenzierten") Perspektiven betrachtet werden. Am Ende eines solchen Differenzierungsverfahrens stehen oft neues Wissen über Ursache-Wirkungs-Zusammenhänge und neue Lösungen. Wenn „Prozessorientierung" im Qualitätsmanagement vor allem als „Differenzierung" umgesetzt wird, knüpft man also an diese bewährte Erkenntnismethode an, die sich im mathematisch-technischen Bereich als sehr wirkungsvoll erwiesen hat. Auch im QM geht man davon aus, Ganzheiten problemlos in ihre Teile zerlegen/differenzieren zu können. Aber schon im Altertum wurde diese Annahme von bedeutenden Philosophen nicht nur gestützt, sondern auch in Frage gestellt. Versuche der Beschreibung des Verhältnisses von Teil und Ganzem, von Differenz und Einheit endeten immer wieder in einer unauflösbaren Paradoxie. Die Problematik des Differenzierens durchzog Jahrhunderte lang die Philosophiegeschichte, ohne scheinbar großen Einfluss auf die Naturwissenschaften und die Mathematik zu haben. Moderne Denkmodelle änderten das aber grundlegend:

In der Mathematik konnte Bertrand Russel Anfang des 20. Jahrhunderts zeigen, dass das Verhältnis von einer Menge (einem Ganzen) zu ihren Elementen (Differenzen) nicht durch ein einfaches „Zerlegen" bestimmt werden kann.[9] Auch die Atomphysik hatte mit der Quantenmechanik ein Modell vorgelegt, das an die philosophischen Zweifler anknüpfte und sie bestätigte. Denn während die klassische Physik davon ausging, dass es möglich ist, ein Ganzes in immer kleiner werdende Teile zu zerlegen, verdeutlichte die Quantenmechanik, dass sich solche angenommenen kleinsten Teilchen nicht problemlos fassen lassen, ja schlimmer noch, dass diese kleinsten Teilchen vielleicht nicht einmal „wirklich" existent sind.[10] Nach wie vor ist die Verzweiflung

---

[9] Vgl. R.M. Sainsbury (2001): Paradoxien. Stuttgart: Reclam, S. 163
[10] So folgern beispielsweise Bohm und Hiley wie folgt: „Man gelangt zu neuen Vorstellungen von einer ungebrochenen Ganzheit, die die klassische Idee leugnet, man könne die Welt in getrennten und voneinander

der Physiker hinsichtlich dieser Thematik groß. So zielen ihre spektakulären Forschungsunternehmen, an denen sich oft hunderte von Physikern beteiligen, immer wieder auch auf diese Fragestellung. Das Experiment, das so genannte „Higgs-Teilchen" – zumindest für den „billionsten Teil einer milliardstel Sekunde" – mit physikalischen Messinstrumenten nachzuweisen, kann so interpretiert werden als der gigantische Versuch, die Paradoxie selbst einzufangen. Bisher war dieser Versuch vergeblich...[11]

Die Problematik des Differenzierens wird immer dann besonders deutlich, wenn sich wieder einmal die aus den differenzierten Prozessen abgeleiteten „wissenschaftlichen" Erkenntnisse nach jahrzehntelanger Wiederholung als „falsch" erwiesen haben. Selbst in dem engen naturwissenschaftlichen Rahmen, in dem sich wissenschaftliche „Gesetze" schon lange bewähren, ist die Feststellung von Ursache-Wirkungs-Verhältnissen in Differenzierungsprozessen nicht risikolos. Die im Folgenden aufgeführten Irrtümer und Streitthemen in der Wissenschaft bilden nur einen kleinen Ausschnitt aus einem großen Drama, welches täglich neu aufgeführt wird.

---

unabhängigen Teilen analysieren... Wir haben die übliche klassische Vorstellung umgekehrt, daß die unabhängigen elementaren Bausteine der Welt die fundamentale Wirklichkeit seien, und daß die verschiedenen Systeme nur besondere zusammenhängende Formen und Anordnungen dieser Teile seien. Wir sagen vielmehr, daß der untrennbare Quantenzusammenhang des ganzen Universums die fundamentale Wirklichkeit ist, und daß relativ selbstständig agierende Teile nur besondere und zusammenhängende Formen innerhalb dieses Ganzen sind." Bohm und Hiley, 1975, zitiert nach Capra, F. (2000). Das Tao der Physik. München, Wien: Scherz, S. 327

[11] Im Forschungszentrum Cern bei Genf wurde dazu in 60 Meter Tiefe ein 10.000 Tonnen schwerer Teilchenbeschleuniger gebaut. Kleinste Teilchen sollen darin mit einer größtmöglichen Kraft aufeinander geschleudert werden, um noch kleinere Erscheinungen – wie das Higgs - zu entdecken. Die Physiker glauben fest daran, dass ihnen das Higgs-Teilchen als eine Art letzte Wahrheit – oder wie der Physik-Nobelpreisträger Leon Ledermann es ausdrückte, als das „Teilchen Gottes", begegnet. Es soll die Differenz zur Einheit, das Nichtssein zum Sein (zur „Masse" - wie es die Physiker es ausdrücken) führen.

Kleine Auswahl von Irrtümern und Streitthemen aus der Geschichte der Wissenschaft:
- Die Erde ist eine Scheibe.
- Die Erde ist eine Kugel.
- Atomare Strahlung ist ungefährlich.
- Energiesparlampen sind umweltfreundlich.
- Das Klima ändert sich nicht durch menschliches Zutun.
- Durch Experimente von Hirnforschern lässt sich auf die Existenz oder Nichtexistenz eines „freien" Willens schließen.
- Dinosaurier starben durch Meteoriten aus
- Die Gabe von Hormonen senkt bei Frauen das allgemeine Risiko an Krebs zu erkranken.
- Krebs lässt sich durch Früherkennung heilen.
- Eineiige Zwillinge sind genetisch identisch.
- „Naturkonstanten" – wie z.B. die Gravitation G, die Lichtgeschwindigkeit c und die Feinstrukturkonstante Alpha – sind immer konstant.

Oft wird davon ausgegangen, dass wenn etwas funktioniert, die „differenzierten Erklärungen" für dieses Funktionieren auch richtig sind. Aber zwischen „Erklärung" einerseits und tatsächlichem „Geschehensablauf" andererseits liegen oft Welten. Beispielsweise wurde mit dem „Wissen", dass die Erde eine Scheibe ist, problemlos rund um den Globus Schifffahrt betrieben. Und wenn (nicht nur) im Mittelalter nach einem Aderlass oder einer Teufelaustreibung ein Mensch gesund wurde, wer wollte beweisen, dass die Gesundung nicht „durch" sondern „trotz" solcher Torturen geschah.

Die Problematik des Differenzierens ist nicht vermeidbar. In der Forschung kann sie eingegrenzt werden durch die wissenschaftliche Überprüfung neuer Annahmen in der Praxis und durch (selbstbezügliche) Argumentationen, mit deren Hilfe die neuen Annahmen durch das vorhandene, bereits bewährte Wissen gestützt werden. Diese beiden Möglichkeiten der „Differenz"-Problematik eine bewährte

"Einheit" gegenüberzustellen entfallen im QM. Es erfolgen in der Regel keine wissenschaftlichen Überprüfungen der getroffenen Maßnahmen. Ebenso wenig werden die QM-Maßnahmen gestützt durch bereits vorhandenes wissenschaftliches Wissen. Die Differenzierungsmuster im QM ergeben sich vielmehr durch eine weitgehend beliebige Entscheidungsfindung (vgl. hierzu auch Kapitel IV., Abs. 2.4.).

4.3. Was geschieht genau beim Differenzieren, also beim Zerlegen eines Ganzen in seine Teile?

Ähnlich wie die Trennung von „Prozess und Struktur" vor allem eine Täuschung des menschlichen Geistes ist, sind auch „Differenz und Einheit" eng miteinander verwoben. Hierzu möchte ich zunächst eine bekannte Geschichte noch einmal nacherzählen:

In alter Zeit zog ein König in eine Stadt, in welcher alle Blinden des Landes lebten. Zu seinem Gefolge gehörte auch ein mächtiger Elefant, ein Tier, das in diesem Land niemand zuvor gekannt hatte. Einige mutige Stadtbewohner waren begierig, das neue Wesen zu erforschen. Sie liefen dorthin, wo sie den Elefanten vermuteten und griffen nach den Teilen des Tieres, die sie erreichen konnten. Sie fühlten und staunten und begaben sich schließlich wieder zu den anderen Bewohnern der Stadt, die schon neugierig auf ihren Bericht warteten.
Der Unerschrockene, der das Ohr des Elefanten zu fassen gekriegt hatte, meinte: „Das Tier ist ein großer, flacher und rauer Teppich." Der Mann, der die Stoßzähne befühlt hatte, war überzeugt: „Das Wesen ist eine Pflugschar." Jeder hatte einen anderen Körperteil erfasst: „Eine gigantische Säule", „ein dicker Schlauch", „ein Besen", „ein großes Blatt eines Baumes", „ein weicher Hohlkörper", „eine Schlange"....Am Ende stritten sich alle darüber, wer nun im

Recht sei. Jeder hatte nur einen Teil der Elefantenglieder betastet, keiner kannte den ganzen Elefanten.
Diese Problematik trifft auf jeden Differenzierungsprozess zu. Keiner kennt wirklich das Ganze. Auch wenn Menschen „mit den Augen sehen", sind dennoch die Sinne begrenzt, ist die Wahrnehmung der Welt vor allem ein großes Rauschen, das durch „Säulen", „Hohlkörper", „Elefanten" und ähnliche Dinge nur ab und zu unterbrochen werden kann. Eine Ahnung um den Unterschied zwischen einem Elefanten und einem sorgfältig differenzierten Qualitätselefanten mögen die Abbildungen 5 und 6 vermitteln.
Auch die Werke des Künstlers Ursus Wehrli veranschaulichen die Problematik des Differenzierens. Wehrli hat die Werke großer Maler in ihre Teile zerlegt und sie anschließend „aufgeräumt"[12], eben nach herrschenden Vorstellungen von Ordnung und Gründlichkeit neu zusammengefügt. Da wurden ein Picasso ebenso wie ein Kandinsky oder ein Miró nach Formen, Farben und Größen einzelner Bildbestandteile differenziert (aufgeräumt). Immer wieder zeigt sich dabei ebenso wie in dem Bild vom Qualitätselefanten, was in einem solchen differenzierenden Prozess alles geschehen kann:
- Die Teile werden aus ihrem Gesamtzusammenhang gerissen.
- Die Konturen der Teile können falsch herausgeschnitten werden.
- Es können Teile vergessen werden.
- Es können Teile hinzugefügt werden.
- Die Größenverhältnisse der Teile können sich ändern.
- Die Farben können falsch wiedergegeben werden.
- Die „Neuordnung" macht keinen Sinn mehr.
- Die Neuordnung macht einen Sinn, der mit dem ursprünglichen Bild nichts mehr zu tun hat usw. usw..

---

[12] Vgl. U. Wehrli (2002). Kunst aufräumen. Zürich: Kein und Aber

Abb. 5: einfacher Elefant[13]

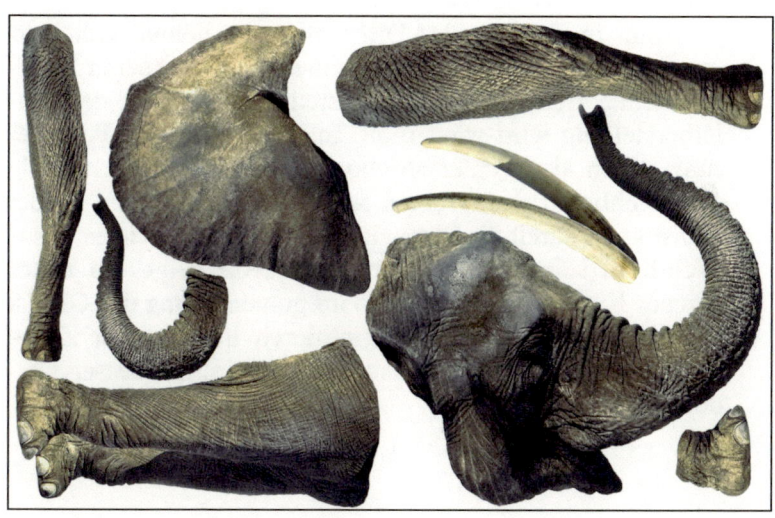

Abb. 6: differenzierter Qualitätselefant

---

[13] © Eric Isselée - www.Fotalia.com

Ist nun das bessere Verständnis, die „aufgeräumte" Sichtweise, eben die genaue Analyse eines Ganzen (eines Fotos, eines Kunstwerkes, eines Textes, eines Arbeitsprozesses) Sinn und Zweck einer Zerlegung, gelten die gleichen unbegrenzten Fehlermöglichkeiten. In jedem Differenzierungsprozess werden sich aus der Fülle dieser Fehlermöglichkeiten immer auch Fehler realisieren. Jedes Ergebnis eines Differenzierungsprozesses enthält also Aussagen, die aus der ursprünglichen, einer früheren oder späteren Perspektive heraus eindeutig „falsch" sind (und das ist nicht nur für die differenzierten Analysen von Kunstkritikern ein Problem...). Wie werden nun Fehler nach unserem modernen Verständnis ausgemerzt? Richtig, durch noch genauere Differenzierung. In unserem Beispiel könnten also die Konturen der Bildbestandteile genauer abgebildet werden, die Größen und die Größenverhältnisse exakter ausgemessen werden, die Neuordnung könnte sich mehr am Original orientieren usw. ...

Wenn im Prozess des Differenzierens Fehler nicht vermeidbar sind, dann werden bei einer noch genaueren Differenzierung weitere Fehler hergestellt. Der Prozess der Fehlerherstellung wird wiederholt. Im Prozess der Differenzierung sollen also Fehler ausgemerzt werden, indem ständig neue Fehler in den Prozess aufgenommen werden. In der Kunst kann durch die Potenzierung der Fehler, wie es Ursus Wehrli in seinen Arbeiten eindrucksvoll zeigt, ein neues eigenes Kunstwerk entstehen – im grauen Alltag des QM ist aber weniger zu erwarten, dass durch immer mehr Zerlegungsfehler die Prozesse und Produkte immer besser werden.

4.4. Die unvermeidbare Folge einer stetig zunehmenden Zergliederung: Fehler und Manipulationsmöglichkeiten steigen sprunghaft an

Die folgende kleine und nicht vollständige Auflistung zeigt, welche Fehler und damit natürlich auch, welche Manipulationsmöglichkeiten im Rahmen der Prozessorientierung, also einer differenzierten Betrachtungsweise organisationaler Abläufe, auftreten können:

Prozesselemente werden vergessen
- Das wichtigste Prozessmerkmal wird vergessen.
- Wichtiges wird vergessen.
- Geringfügige, aber für den Gesamtprozess notwendige Merkmale fehlen.

Prozesselemente werden falsch beschrieben
- Wissenschaftliche Erkenntnisse werden nicht berücksichtigt.
- Wissenschaftliche Erkenntnisse werden berücksichtigt, ohne ausgereift zu sein.
- Kennzahlen messen nicht das, was sie vorgeben zu messen (fehlende „Validität").
- Kennzahlen kommen durch fehlerhafte Messung zustande (fehlende „Reliabilität").

Prozesselemente werden falsch gewichtet
- Das hervorgehobene Wichtige erweist sich als nebensächlich.
- Das unwichtig Erscheinende ist entscheidend für den Prozess.

Prozesselemente werden in eine falsche Reihenfolge gesetzt
- Das Wichtigste wird nicht zum richtigen Zeitpunkt erledigt.
- Das Unwichtige wird zuerst erledigt.

Unnötige Prozesselemente werden hinzugefügt
- Prozesselemente, die Schaden z. B. hinsichtlich der Produktqualität, der Mitarbeitergesundheit oder der Betriebsmittel anrichten, werden hinzugefügt.
- Prozesselemente, die keine offensichtliche Qualitätsminderung an Produkten und Herstellungsprozessen verursachen, die aber unnötige Kosten bewirken, werden hinzugefügt.

Prozesselemente werden an den falschen Stellen getrennt bzw. zusammengefügt
- Zusammengehörige Prozessteile werden getrennt.
- Prozessteile, die sinnvollerweise getrennt werden sollten, bleiben zusammen.

Wechselseitige Abhängigkeiten der Prozesselemente werden falsch beschrieben
- Die Abhängigkeit der Prozesselemente wird aus veraltetem Wissen hergeleitet.
- Die Abhängigkeit der Prozesselemente wird nicht erkannt.

Die Möglichkeiten, Fehler in Prozessabläufe einzubauen, sind sicher unbegrenzt. Fehlermöglichkeiten sind in Prozessen von Unternehmen, Verwaltungen und öffentlichen Einrichtungen beliebig erweiterbar. Sie können sich in Organisationen nicht nur auf die Beschreibung der Mitarbeiterqualifikationen und –tätigkeiten, die Materialbeschaffenheit, die Endprodukte und auf Kostenaspekte beziehen. Fehler sind auch möglich in Bezug auf steuerliche, rechtliche, ökologische, marketingrelevante, arbeitspsychologische und ethische Aspekte jeglicher Art. Was schief laufen kann, wird auch irgendwann schief laufen. In Differenzierungsprozessen ist es nicht möglich, Fehler dauerhaft zu vermeiden.

Auch unwahrscheinlich erscheinende Fehler wie z.B. das Vergessen des wichtigsten Prozesselementes sind in der Praxis immer wieder zu beobachten. In Callcentern werden zur Erhöhung der Kundenzufriedenheit beispielsweise die

Mitarbeiter in Bezug auf Höflichkeit und in der Übung schon fast therapeutisch anmutender Beruhigungsformeln geschult. Dabei wird oft übersehen, dass der Kunde all diese Maßnahmen kaum nötig hätte, wenn das Wichtigste, eben die Kompetenz am anderen Ende der Leitung, gesichert wäre. Für die Prozessorientierung, also für die Zergliederung aller Arbeitsabläufe, gilt: je differenzierter die Vorgaben, desto wahrscheinlicher ist es, dass auch die Anzahl der Fehlinterpretationen, Rechenfehler und Missverständnisse steigt. Vor allem aber eröffnen sich hier vielfältige Möglichkeiten für Manipulationen jeder Art. In einem sozialen Feld wie dem Qualitätsmanagement sind es die gegebenen Entscheidungs- und Machtverhältnisse, die die Art und Weise der jeweiligen Differenzierung maßgeblich manipulieren.

4.5. Zu den tieferen Ursachen der Fehlerentstehung in Differenzierungs-/Zerlegungsprozessen

Es wurde in der Wissenschaft viel über die Gründe für die Fehlerhaftigkeit spekuliert, die beim Zerlegen von einem Ganzen in seine Teile auftritt. Als ein ursächliches Problem kann die Tatsache verstanden werden, dass es nicht möglich ist, ein Ganzes sinnvoll in Teile zu zerlegen, ohne dabei auf dieses Ganze wieder Bezug zu nehmen. Dieses Problem steckt nicht nur in jedem Lexikon. Auch wenn im Qualitätsmanagement eine sinnvolle Zerlegung eines Ablaufprozesses beschrieben werden soll, gerät oft in Vergessenheit, dass das Wissen über den gesamten Arbeitsprozess als „Einheit" diese Zerlegung erst ermöglicht.

Ein besonders offensichtliches Beispiel hierfür findet sich in der Strategieplanung eines Unternehmens. Im Rahmen dieser Planung können die einzelnen Ablaufschritte „prozessorientiert" in einem qualitätsgemanagten Ablaufschema festgehalten werden. Im Allgemeinen wird der Prozessschritt

"Bestandserhebung" vor anderen Prozessschritten wie z.B. der „Problemanalyse", der „Bewertung" und der „Zielfestlegung" stehen. Das wesentliche Problem jeder Planung – die Bewältigung von Komplexität - ist damit aber nicht zu lösen. Eine mögliche und in der Praxis immer angewandte Lösung dieses Problems besteht darin, Konzepte, die eigentlich erst in den weiteren Ablaufschritten erarbeitet werden sollen, schon in die Bestandserhebung einfließen zu lassen. Dann wird z.b. in einer „Bestandserhebung" zu einem Themenausschnitt nicht allgemein und unvoreingenommen der „Bestand erhoben", sondern genau die Komponenten des Bestandes, die eigentlich erst in den folgenden Planungsschritten wie z.b. der „Problemanalyse" und der „Bewertung" auf Grundlage der Ergebnisse der Bestandserhebung zum Tragen kommen sollten.

Viele Manager und Planern bewerten die Perfektionierung dieser Methode als realitätsnahes und „pragmatisches" Vorgehen. Die Schlange beißt sich damit aber selbst in den Schwanz. Es wird „geplant", was schon vorab im Wesentlichen „festgelegt" war. Dieses Beispiel mündet also in die klassischen Zirkelschlüsse und Teufelskreise, in denen die Ergebnisse bereits durch die Eingaben festgelegt werden. Folgenschwere Fehlschlüsse dieser Art sind dann wieder willkommener Anlass für neue Planungsprojekte.

Eine andere häufige Erklärung für die Fehlerhaftigkeit von Zerlegungsprozessen ist der Umstand, dass es ja immer nur möglich ist, sinnvolle Zerlegungen herzustellen aufgrund früherer Erfahrungen, mit denen die neuen Zerlegungsprozesse „verglichen" werden.[14] Jegliches Zerlegen ist nur denkbar in Bezug auf andere, schon bestehende Zerlegungsmuster, die wir im Kopf bereits abgespeichert haben. Jeder Denkprozess ist ein stetiges Abgleichen und Relativieren: A ist besser/größer/schöner als B, welches seinerseits schöner/schlechter/vorteilhafter ist als C, wobei C natürlich

---

[14] Das ist ähnlich dem in Kapitel IV., Abs. 2.1 beschriebenen ersten Messproblem: Vergleichen ist immer nur möglich in Bezug auf andere Vergleiche.

auch nur in Bezug auf ein D vergleichbar ist, welches sich auf ein E bezieht usw. ... Dieses heute oft gebrauchte Modell des Denkens und Zerlegens entspricht der Arbeitsweise eines Computers, bei der ja auch stetig Kombinationen von Einsen und Nullen (Strom fließt/Strom fließt nicht) mit anderen Kombinationen von Einsen und Nullen verglichen werden. Würde dieser Prozess irgendwann enden, würde also an einem bestimmten Punkt das Vergleichen aufhören, hätte sich der Computer - wie es so schön heißt - in einem undefinierten Zustand „aufgehängt". Ähnliches kann auch passieren, wenn schließlich im menschlichen Denkprozess ein XY nicht mehr mit einem Z verglichen wird. Dann wird es immer jemanden geben, der auf die Problematik dieses Stillstandes verweist: „Hier musst Du viel mehr differenzieren!!"

Nun hat sich im Zuge des wissenschaftlichen Fortschrittes die Situation ergeben, dass auf allen Gebieten des menschlichen Daseins immer mehr differenziert, also Ganzheiten in ihre Teile zerlegt werden. Die Anzahl unserer Vergleichsmöglichkeiten hat sich gegenüber den „unwissenden Menschen der grauen Vorzeit" potenziert. So sind wir wohl immer schlauer geworden. Aber jeder Leser sieht das Dilemma. Genug ist nicht genug. Wenn unser Denken nur als Vergleichsprozess funktioniert – und wie sollte es anders erklärt werden – dann ist jeder Schlusspunkt dieses Vergleichsprozesses ein grober Fehler. Nur wenn man ewig („infinit") weiterforscht, wird man am Ende die Wahrheit finden.

So ist es nicht verwunderlich, wenn gerade die Begabtesten immer weiter suchen. Und wenn in qualitätsgemanagten Krankenhäusern, Schulen, Verwaltungen und Unternehmen sich Mitarbeiter - um den besten und richtigsten Weg zu finden - fast nur noch mit dieser Methode des Vergleichens beschäftigen, sollten Patienten, Schüler, Bürger und Kunden Verständnis für diese nicht enden wollenden Prozesse aufbringen.

Die Ärztin und der Pfleger, die gezwungen werden, ihre Zeit für immer komplexere Diagnose- und Behandlungsmaßnahmen, für ausufernde Dokumentationsvorschriften und für die Einarbeitung in immer aufwendiger werdende Abrechnungsverfahren zu nutzen, können sich nicht noch zusätzlich ausführlich mit den Patienten beschäftigen.

Auch einem Lehrer, der seine Zeit heute mehr denn je für die Einarbeitung in immer neue schulpädagogische Konzepte, für immer neue „Förderungs- und Forderungsprogramme", für die Führung von immer detaillierteren Schülerbewertungsbögen benötigt, sollten Schüler nicht unnötig im Wege stehen. Schließlich symbolisiert ja gerade der Schüler – vor allem aus Sicht der QM-begeisterten Schulbehörden - den ungewollten End- und Angelpunkt, der einem klar differenzierten Vorgehen letztlich fundamental entgegensteht.

Schließlich sei hier noch der Manager erwähnt, der über die Fähigkeit verfügen sollte, mit überdimensionierten Datensammlungen nicht nur gekonnt zu jonglieren, sondern diese Sammlungen auch beliebig zu erweitern. Nur von geschickten Datenmanipulationen scheint der Erfolg vor allem der börsennotierten Unternehmen heute abzuhängen. Kunden, Mitarbeiter, und wie oft schmerzlich erfahren werden muss, auch die Anleger sind hier diejenigen Gefahrenpunkte, an denen sich solche Differenzierungsprozesse des Managements ungewollt „aufhängen" könnten.

Die Problematik ist in diesen Beispielen immer die Gleiche: In infiniten Prozessen darf es keine sinnstiftenden Endpunkte geben. Nichts ist gefährlicher als offen erkennbare Haltepunkte (in den obigen Beispielen also am Patienten, Schüler, Kunden, Mitarbeiter oder Anleger), an denen das Vergleichen zum Stillstand kommen könnte. Im Qualitätsmanagement heißt es dazu: „Es gibt nichts, was nicht noch verbessert/eben weiter verglichen werden könnte".

III. Mythos „Null-Fehler-Qualität"

1. Der Kreislauf der „ständigen Verbesserung"....

Eine Grundlage des Qualitätsmanagements ist das Konzept der „ständigen Verbesserung". In einer guten Organisation sollen hierfür alle Beteiligten zum kontinuierlichen Lernen angeregt werden. Ziel der ständigen Verbesserung ist im Qualitätsmanagement die Erarbeitung gewinnbringender Innovationen. Die Grundzüge des Prozesses der Wissensgewinnung werden in Abbildung 7 in vereinfachter Form dargestellt.

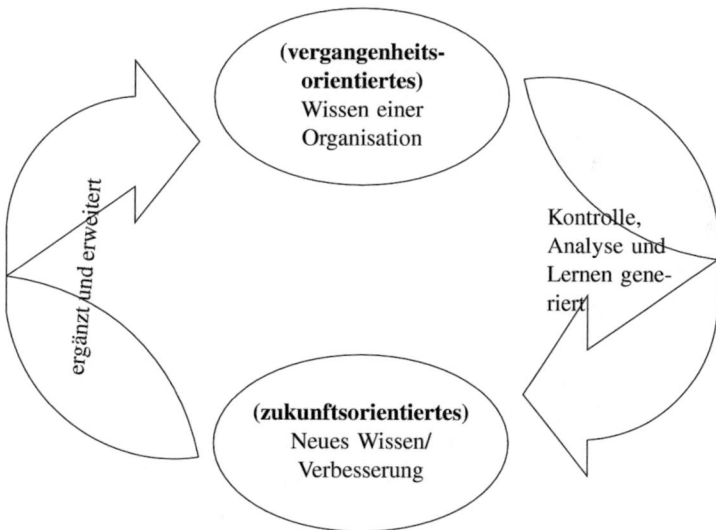

Abb. 7: Der Kreislauf der „ständigen Verbesserung" - Verbesserung und gegebenes Wissen sind kompatibel

Durch stetige Kontrolle, Analyse und Verbesserung soll so im Laufe der Zeit immer mehr Wissen hergestellt werden und in die laufenden Prozesse eingefügt werden. Im Zuge dieser Wissenserweiterung wird der Bereich des Nichtwissens als immer kleiner werdend gedacht. Ebenfalls eng mit diesem Verständnis der Wissenserweiterung ist der Gedanke verbunden, dass sich am Ende alle Unsicherheiten auflösen. Neuzeitliche Hoffnungen auf einen stetigen Wissensgewinn drücken sich nicht selten in der Annahme aus, die Welt könne berechenbar und damit mathematisch beschreibbar werden. Mathematiker selbst – man denke an Kurt Gödel und sein Unvollständigkeitstheorem – werden dieses naive Verständnis ihrer Disziplin wohl eher selten teilen. Zudem sind auch die mathematischen Methoden im QM weit davon entfernt, solchen Hoffnungen Nahrung geben zu können. Und so wird im QM nicht die (Unternehmens-)Welt mit Hilfe der Mathematik beschrieben, sondern es wird umgekehrt eine Mathematik betrieben, in welche Elemente der Unternehmenswelt – zwar abgezählt und portioniert – aber frei nach Gutdünken eingestreut werden. Wenn auf diese Weise so genannte „0-Fehler-Prozesse errechnet" werden, hat das, wie wir im Folgenden sehen werden, mit fehlerfreien Prozessen nicht viel zu tun.

2. Das Nullfehlerproblem I: Der Black Belt als Erbsenzähler

Das Versprechen, fehlerfreie Prozesse errechnen zu können, wird im QM gern gemeinsam mit Hoffnungen auf eine fernöstliche Spiritualität verkauft. So gibt es in einigen Spielarten des QM für Kursteilnehmer Rangabzeichen, die sich an den japanischen Kampfsportarten orientieren. Mann fängt bspw. als „White Belt" an und entwickelt sich über den „Green Belt" und den „Black Belt" schließlich bis hin zum „Master Black Belt". Kostspielige Einweihungsriten legen den Aufstieg fest. Die Belohnung für all diese Mühen besteht nicht nur in dem Versprechen, am Ende fehlerfreie Qualitätsprozesse gestalten zu können, sondern darüber hinaus, einer elitären Kaste anzugehören.[15] Natürlich werden neben diesen Heilsversprechungen auch grandiose Gewinne in Aussicht gestellt, die mit „Untersuchungen" und „Berechnungen" jedweder Art verbrämt werden. Nun ist es fraglos einfach, rein technische Prozesse mathematisch korrekt und fehlerfrei zu beschreiben. Sobald jedoch Mitarbeiter und Kunden und damit soziale, psychologische und kommunikative Aspekte mit ins Spiel kommen, ist es auch heute noch nicht möglich, klare Berechnungen durchzuführen. In „0-Fehler-Prozessen" versucht man dieses Problem nicht mit fernöstlicher Weisheit, sondern pragmatisch zu lösen. Hierfür wird zunächst der Anspruch aufgegeben, Arbeitsprozesse in ihrer Vielschichtigkeit zu erfassen. Statt dessen werden relativ beliebig Parameter bestimmt, die eine Messbarkeit von Vorgängen erlauben. Die Frage, ob diese Parameter für den jeweiligen Arbeitsprozess von Bedeutung sind, steht dabei nicht im Mittelpunkt.

Die besondere Definition von „Qualität" im QM ist auch für diese Vorgehensweise ein Türöffner. Qualität ist danach ja bereits dann gegeben, wenn die Vorgaben erfüllt werden. Bei der Qualitätsmessung von bspw. Pflegeprozessen geht es

---

[15] Dabei wird übersehen, dass schon W. E. Deming, der vielleicht bedeutendste Vater des QM, solche elitären Auswüchse als kontraproduktiv für erfolgreiche QM-Prozesse beschrieb. Deming, maßgeblicher Mitentwickler der statistischen Qualitätskontrolle, verleugnete auch die Problematik scheinbar eleganter statistischer Berechnungen für komplexe Sachverhalte im Gegensatz zu vielen seiner Nacheiferer nicht. In „Quality, Productivity and Competitive Position" (1988, Cambridge University Press, Cambridge) leitet Deming ein Kapitel bspw. ein mit einem Zitat aus Euripedes, The Bacchae, „Do not confuse your wits with wisdom", welches er sogleich mit „Wisdom sounds foolish to fools" - zitiert aus dem gleichen Werk - ad absurdum führt. Dass Deming ein ausdifferenziertes System scheinbar immer mehr werdenden Wissens eher wie ein echter Black Belt einzuschätzen wusste, zeigt auch das folgende Zitat, welches er zu einer Kapiteleinleitung heranzog „For in much wisdom is great grief: and he that increaseth knowledge increaseth sorrow" (Ecclesiastes).

im QM also weniger um die Frage, ob die Patienten ausreichend Zuwendung und eine umfassende gesundheitsfördernde Behandlung erhalten (das ist kaum messbar), sondern in welchen (messbaren) Zeitabständen wie viele (zählbare) Spritzen verabreicht werden und wie viele (zählbare) Körperreinigungen verschiedener Art erfolgen. Eine entsprechende „Pflegequalität" wird dann auf der Grundlage solcher Zählungen definiert, festgelegt und im weiteren Verlauf eines „0-Fehler-Prozesses" – wohl schon von einem Green Belt – überprüft.

Ein plakatives Beispiel macht die Problematik deutlich: Als „0-Fehler-Prozess" könnte festgelegt werden, dass jeder Patient einer bestimmten Patientengruppe pro Tag eine genau vorgegebene, eben messbare Anzahl von Pflegeeinheiten erhält. „Fehlerfreie Pflegequalität" kann so beliebig – auch auf unterstem Niveau - definiert werden. Wenn die Mitarbeiter hinsichtlich der so zurechtgestutzten Vorgaben fast keine Fehler mehr machen und in unserem Beispiel ganz genau zwei anstatt der früher üblichen drei Pflegeeinheiten durchführen, dann werden hinsichtlich solcher Vorgaben fast keine Fehler gezählt. Damit dieser banale Zirkelschluss aber dennoch beeindruckt, wird er in den „0-Fehler-Prozessen" mit statistischen Begriffen gewürzt und heißt dann beispielsweise so: *Ein „0-Fehler-Prozess-Ziel" ist bei normalverteilten Prozessergebnissen[16] dann erreicht, wenn der Mittelwert der tatsächlich erreichten Werte innerhalb der Toleranzgrenzen liegt und gleichzeitig mindestens sechs (bzw. gar sieben oder acht) Standardabweichungen von der nächstgelegenen Toleranzgrenze entfernt ist. Unter diesen Voraussetzungen liegt auch bei einer längerfristigen Verschiebung des Mittelwertes um eine maximal 1,5-fache Standardabweichungen die Fehlerwahrscheinlichkeit (d.h. die Wahrscheinlichkeit für Werte außerhalb der Toleranzgrenzen) bei 0,0000034%.*

---

[16] Vergessen wir hier, dass Prozessergebnisse im QM nicht zwangsläufig normalverteilt sind.

Das hört sich doch viel beeindruckender an! Sinnlose Rechenspiele dieser Art beinhalten nicht nur die Messprobleme I bis III (vgl. Kapitel IV). Sie reduzieren die ganze angestrebte „0-Fehler-Mathematik" auf eine jedem echten Black Belt unwürdige Erbsenzählerei. Von vorn herein wird das Wichtigste erst gar nicht versucht. Eine exakte Prozessbeschreibung und die Möglichkeit, die Qualität dieser Prozesse zu verbessern ist in „0-Fehler-Prozessen" nur von nebensächlicher Bedeutung. Nicht etwa nach allgemeingültigen Maßstäben sollen Prozesse „fehlerfrei" ablaufen, sondern nach zwar hoch differenzierten, aber vorab beliebig selbst bestimmten Kriterien. Qualität ist im QM schließlich nicht mehr als die Erfüllung der vorgegebenen Standards. Gemessen wird, was vorab auf skurrile Weise „messbar gemacht" wurde. Minimale Fehlerwahrscheinlichkeiten ergeben sich nicht etwa, weil die Fehler in den Prozessen weniger werden, sondern allein als Folge des aberwitzigen Messdesigns. Der Messglaubenssatz des QM „Man kann nur verbessern, was auch messbar ist" wird damit umgedreht „Wenn Fehler nicht so messbar sind, wie ein Master Black Belt sich das vorstellt, dann gibt es diese Fehler gar nicht..."

3. Das Nullfehlerproblem II: In der Vergangenheit gefangen

„Ständige Verbesserung" könnte so schön sein. Die Lösung aller Probleme ergäbe sich auf Grund einer vorherigen Analyse fast wie von selbst. Das Nichtwissen würde in dem Maße abnehmen wie das Wissen zunähme und schließlich gäbe es nur noch „Null-Fehler-Prozesse", die diesen Namen auch wirklich verdienen. In der Praxis scheitert dieses vereinfachte Modell dort, wo es ein wenig komplex wird. Bezogen auf die komplexen Abläufe in einer Organisation also heute noch mehr oder weniger überall. Aber auch in der Theorie kann erläutert werden, weshalb das Scheitern solcherart verkürzten Denkens letztlich nicht zu vermeiden ist.[17]

Der obige Kreislauf einer „ständigen Verbesserung" beinhaltet den Gedanken, dass das neue Wissen/die Verbesserung immer problemlos in das bestehende, an der Vergangenheit orientierte Wissenssystem eingepasst werden kann. Der Kreislauf funktioniert, solange das neue Wissen das bereits bestehende Wissen additiv ergänzt. Was aber geschieht, wenn „neues Wissen" und „gegebenes Wissen" sich nicht miteinander vereinbaren lassen. Abbildung 8 macht eine solche Situation deutlich.

Der Kreislauf kann sich selbst nicht weiter erhalten, wenn die Situation eintritt, dass die mühsam neu erarbeiteten Verbesserungen nicht mir dem vorab gegebenen Wissen kompatibel sind. Man gerät dann in eine offen paradoxe Situation:

Wenn das neue Wissen/ die Verbesserung als richtig bewertet wird (wenn es „fehlerfrei" ist), dann ist das alte Wissen falsch gewesen.

Aber aus ursprünglich falschem Wissen hätte sich kein richtiges neues („fehlerfreies") Wissen ableiten lassen können.

---

[17] Der oben erwähnte Mathematiker Kurt Gödel bewies schon im Jahre 1931 für die Arithmetik die Unmöglichkeit formaler Axiomatisierungen. Ein widerspruchsfreies System entsprechender mathematischer Aussagen ist danach gleichzeitig insofern „unvollständig" als es immer mindestens eine Aussage enthält, die sich nicht innerhalb des Systems beweisen lässt. Auch das Analyseparadoxon verdeutlicht den Umstand, dass eine gedankliche Analyse nicht gleichzeitig korrekt und (durch Veränderungen/Verbesserungen) informativ sein kann: Hat das analysans (der analysierende Ausdruck) denselben Sinn wie das analysandum (der Ausdruck, der analysiert werden soll), ist die Analyse korrekt; aber sie sagt in diesem Fall nur, was jeder Benutzer der Sprache schon im Voraus weiß. Ist die Analyse informativ, kann das analysans nicht denselben Sinn haben wie das analysandum; in diesem Fall ist die Analyse inkorrekt." (nach philex.de vom 24.01.03)

Deswegen kann innovatives Wissen nicht in diesem Prozess selbst entstehen, sondern muss von außen in den Prozess eingebracht werden.

Ein Wissen ohne tragfähige Verankerung im bestehenden Wissen kann aber nur als „Fehler" wahrgenommen werden.

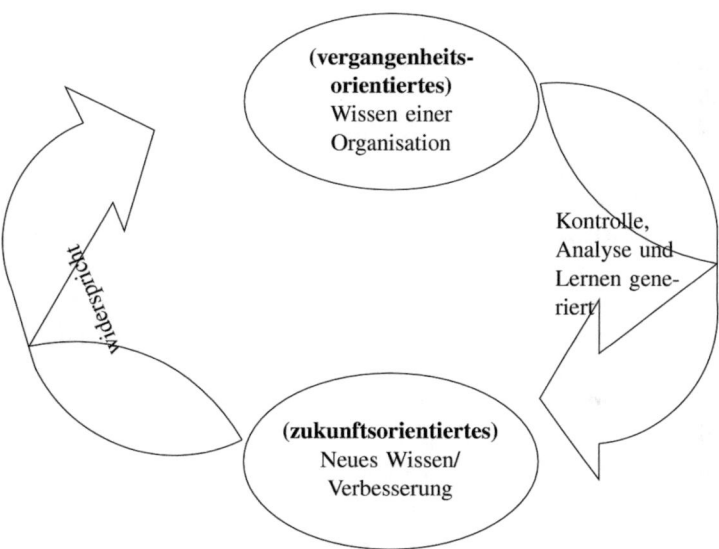

Abb. 8: Der Kreislauf der „ständigen Verbesserung" - Verbesserung und gegebenes Wissen sind inkompatibel

Um einen offenen Widerspruch zu vermeiden, muss in einer solchen Situation entweder die Verbesserung oder das alte, an der Vergangenheit orientierte Wissen aufgegeben werden. Das alte Wissen hat sich über die Zeit bewährt, es wurde stetig in seinem Kreislauf wiederholt, so dass sich alle daran gewöhnen konnten. Der geschlossene Kreislauf des Wissens wurde in der neueren Wissenschaftstheorie auch als „selbstbezüglich" oder „autopoietisch" bezeichnet. Selbstbezüglichkeit ist danach nicht nur problematisch (weil tautologisch), sondern steht ebenso für die immanente „Richtigkeit" eines gedanklichen Konzeptes. Das Wissen in einem solchen Kreislauf wurde nicht nur in seinen Entstehungszusammenhängen benutzt, sondern im Allgemeinen auch auf andere Wissensbereiche übertragen. Es konnte damit immer unangreifbarer werden. Das neue Wissen dagegen tritt zunächst nur als etwas Unliebsames in Erscheinung: als Fehler. Das alte, eben an der Vergangenheit orientierte Wissen ist fast immer stärker als das neue, an einer ungewissen Zukunft orientierte Wissen.

Als im frühen Mittelalter der Gedanke aufkam, dass die Erde keine Scheibe, sondern vielleicht eine Kugel ist, die sich um sich selbst herum dreht, war den Menschen noch nicht bewusst, was alles mit Hilfe dieser neuen Sichtweise möglich sein würde. Sie sahen zunächst ganz folgerichtig, dass mit der Aufgabe der Scheibenvorstellung auch andere Überzeugungen in Frage gestellt wurden. Der alte Gedanke beispielsweise, dass sich das ganze Universum um die Menschen herum dreht, verlieh ihnen ihrer Meinung nach ja auch eine besondere Wichtigkeit in der göttlichen Ordnung. Diese göttliche Ordnung mit dem Mensch im Zentrum des Seins war festes Fundament des damaligen Denkens. Neues Wissen, das diese Ordnung in Frage stellte, konnte also nur falsch sein.

Heute meinen wir zu wissen, dass die Erde zwar keine Kugel, aber immerhin kugelförmig ist. Dieser Gedanke hat sich bewährt. Die Idee der Kugelform halten wir nicht wie unsere Vorfahren für einen skandalösen Fehlschluss und Irrglauben. Im Nachhinein erscheint uns diese Idee als „Geniestreich", als „Geistesblitz", als „göttlicher Funke", der einen „Paradigmenwechsel" in den Wissenschaften einleitete. So ist es mit dem genialen Neuen fast immer. Es braucht Raum, um sich selbst zu erklären. Es braucht Zeit bis aus einem vermeintlichen Fehler ein umwälzendes, ein paradigmatisches Ereignis wird, dass die Dinge vom Kopf auf die Füße (und schließlich wieder zurück auf den Kopf) stellt. Es liegt auf der Hand, dass je komplexer ein gegebenes Wissenssystem ist, um so weniger Möglichkeiten bestehen, einen echten Paradigmenwechsel einzuleiten. Je mehr „gute Argumente" ein solches System stützen, desto weniger werden die Grundannahmen in Frage gestellt (ein ähnlich aufrührerischer Gedanke wie der der Kugelform der Erde hätte heute wohl kaum Durchsetzungschancen...). Auch in den komplexen Differenzierungsprozessen im QM hält man sich an einer immer gleichen Logik fest. Sollte neues Wissen wirklich einmal einen bestehenden, hoch differenzierten Argumentationskreislauf in seinen Bahnen stören, ist es nur

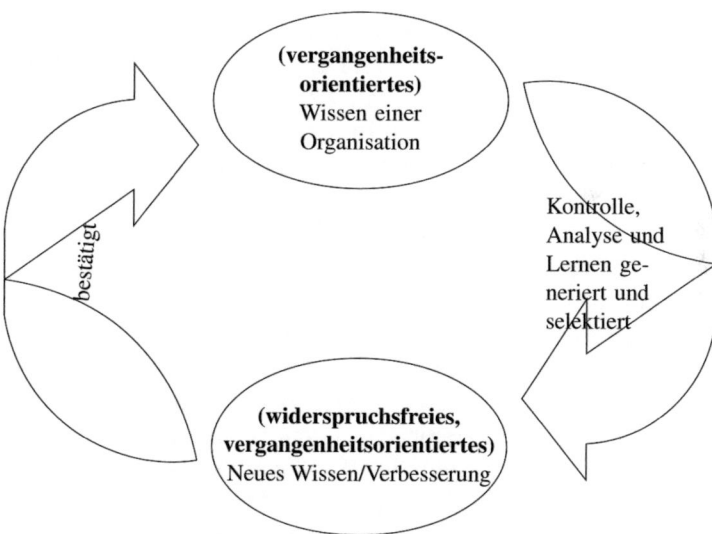

Abb. 9: Der Kreislauf der „ständigen Verbesserung" bei hoch differenzierten Prozessen - Verbesserung und gegebenes Wissen bedingen sich gegenseitig

eine Frage kurzer Zeit bis alles wieder beim „fehlerfreien" Alten ist. Das gegebene Wissen kann schließlich nur dann immer mehr werden, wenn wirklich neues Wissen es dabei nicht stört, sondern frühzeitig aussortiert wird.

In der modernen Organisations- und Planungstheorie wurde die Problematik, dass das alte Wissen die Entstehung neuen Wissens behindert, verantwortlich gemacht für folgenreiche Fehlschlüsse. Unter Berücksichtigung der „Logik der Vergangenheit" ist es durchaus sachlich und fachlich richtig, wenn Manager sich in analytische Sackgassen manövrieren, die die Existenz ihrer Unternehmen aufs Spiel setzen. Die Bankenkrise von 2008 ist ein dramatisches Beispiel für diese Problematik. Eine jahrelang gültige Kennzahllogik zeigte mit der Krise ihr wahres Gesicht. Auch wird im Zusammenhang mit zirkulären Fehlschlüssen immer gern T.J. Watson, Vorstandsvorsitzender von IBM zitiert, der im Jahr 1943 die folgende Einschätzung abgab: „Ich glaube, auf dem Weltmarkt besteht Bedarf für fünf Computer, nicht mehr." Oder Ken Olsen, Vorstandsvorsitzender des Computerherstellers Digital, der noch 1977 meinte: "Ich sehe keinen Grund, warum einzelne Individuen ihren eigenen Computer haben sollten."[18] Die beiden Computerspezialisten waren so in ihrem bewährten, aber vergangenheitsorientierten Wissen gefangen, dass ihnen andere Möglichkeiten als völlig abwegige Visionen weltfremder Phantasten erschienen.

Auch das gesamte Wissen einer Organisation kann sich auf diese Weise „nur auf sich selbst bezogen" in der Vergangenheit gefangen halten. In der Organisationstheorie der 80iger Jahre wurde diese Problematik der Selbstbezüglichkeit ausführlich thematisiert. Organisationswissenschaftler sahen nicht mehr mangelndes Wissen als Problem, das Innovation und Fortschritt entgegenstand. Das „zu gute Gedächtnis", das bestehende Wissen, war ihrer Ansicht nach Schuld am Versagen in Planungsprojekten von Unternehmen und Verwaltungen. Denn schließlich hat das „Wissen" in Orga-

---

[18] Vgl. J. Gausemeier, A. Fink und O. Schlake (1995). Szenario-Management. München, Wien: Carl Hanser, S. 84

nisationen nicht viel mit dem über Jahrhunderte bewährten mathematischen oder naturwissenschaftlichen Wissen gemeinsam. Es ist vielmehr ein sehr fragiles Gebilde, dass durch den Zeitgeist, individuelle Vorlieben und Beliebigkeit geprägt wird.

Mit jedem problemlos in bestehende Wissensmuster eingepassten Lern- und Verbesserungsschritt legt sich eine Organisation immer stärker auf die bestehenden Strukturen und Prozesse fest, die dann späteren innovativen Lernschritten im Wege stehen. Ein gutes Gedächtnis, in dem Wissen aus der Vergangenheit wohl strukturiert aufbewahrt wird, steht zukünftigem Wandel entgegen. Organisationstheoretiker rieten Managern folgerichtig, das „Vergessen" zu trainieren. Die in der Organisation vorhandenen Unterlagen, Gutachten und Zahlenwerke sollten als „Pest" erkannt und behandelt werden. Statt nach konventionell richtigen Maßstäben sollte die zukunftsbezogene Planung besser – nach dem Vorbild afrikanischer Seher - aus „dem Werfen von Karibuknochen" gelesen werden.[19]

Ob es nun wirklich klug ist, in allem vorhandenen Wissen eine Bedrohung zu sehen, sei dahingestellt. Deutlich wird aber, dass durch ein immer stärker differenziertes Wissen wie im Qualitätsmanagement die Gefahr des Festhaltens an der Vergangenheit ungeahnte Ausmaße annimmt. Denn mit jedem Differenzierungsschritt gibt es eine weitere gute Bestätigung des alten Wissens. Echte Innovationen haben in einem differenzierten Selbstbezug keine wirkliche Chance. Nichts bedroht die Entwicklung eines Unternehmens heute mehr als das Abspulen von festgelegten, schlimmstenfalls „fehlerfreien" Prozessen. Man mag in heutigen Qualitätsmanagementsystemen noch so sehr notwendige Veränderungen, dynamische Entwicklungsprozesse und stetige Verbesserungen beschwören. Täglich wird gleichzeitig eine neue Fülle selbstbezüglicher Regelungen festgelegt und kontrolliert. Hier gibt es kein Entrinnen. Das System des Qualitätsmana-

---

[19] Vgl. K. E. Weik (1985). Der Prozeß des Organisierens. Frankfurt: Suhrkamp, S. 373

gements hängt sich genau an dem Faden auf, den es sich so mühsam selbst gesponnen hat.

V. Modernes Qualitätsmanagement und seine Folgen

1. Wie Qualitätsmanagement Mitarbeiter demotiviert

1.1. Die Rolle der Mitarbeiter im QM-Modell

Mitarbeiter werden in QM-Systemen meist den „Ressourcen" zugeordnet. Sie stehen danach also mit der Infrastruktur (Gebäude, maschinelle Prozessausrüstungen etc.) und den Rohstoffen auf einer gemeinsamen Bedeutungsstufe. Zusammen mit den übrigen „Materialen" sollen sie gemanagt werden. Auch in QM-Konzepten, welche den Mitarbeitern rhetorisch mehr Bedeutung einräumen, erfolgt in der Praxis die Mitarbeitereinbeziehung auf immer gleiche Weise:
- Grundlage der QM-Planung für einen qualitätsgemanagten Arbeitsprozess sind die offen ersichtlichen Strukturen und das bereits vorhandene schriftlich niedergelegte Wissen (Arbeitsplatzbeschreibungen, Arbeitsprozessbeschreibungen).
- In einem ersten Arbeitsschritt werden die Mitarbeiter nun aufgefordert, diese Beschreibung zu präzisieren. Die Arbeitsprozesse sollen so genau, so differenziert wie möglich beschrieben werden. Die Mitarbeiter sollen insbesondere das Wissen, das noch nicht in den Beschreibungen vorhanden ist, zur Verfügung stellen.
- Um das Wissen aus den Mitarbeiter heraus- und auf neue Weise wieder in die Prozesse hineinzubekom-

men, werden Arbeitsgruppen, Qualitätszirkel oder KVP-Gruppen[20] gebildet.
- Der folgende Schritt, die detaillierte Beschreibung der Arbeits- und Herstellungsprozesse z.B. in Form eines QM-Handbuches, erfolgt in der Regel durch das QM-Personal. Die meisten Prozessschritte werden in diesem Zusammenhang als „Standard", also als Norm festgelegt, an die sich zukünftig verbindlich gehalten werden muss. Mit Hilfe von Kennzahlen sollen die Standards messbar gemacht werden. Ein Sachbearbeitungsprozess kann beispielsweise den Standard „Kontrolle der Antragsdaten" enthalten. Dieser Standard könnte mit der Kennzahl „Zeitaufwand für die Kontrolle der Antragsdaten je Antrag" gemessen werden.
- Nach der Planungsphase ist es dann Aufgabe und Pflicht der Mitarbeiter, die Prozessschritte wie vorgegeben auszuführen, sich also an die Standards zu halten. Darüber hinaus sollen sie mit Kennzahlmessungen und weiteren Dokumentationsaufgaben die Datengrundlagen sammeln, mit deren Hilfe dann später Überprüfungen und „weitere Verbesserungen" erfolgen sollen.

Zusammenfassend besteht also die Rolle der Mitarbeiter im QM nach einleitenden Beteiligungssitzungen (die in Krisenfällen auch gern wiederholt werden) im Wesentlichen darin, Standards einzuhalten und zu dokumentieren. Kontroll- und Entscheidungsmöglichkeiten sollen von der Mitarbeiterebene auf die der Organisationsleitung verlegt werden. In diesem Zusammenhang wird dem Management von QM-Vertretern gern versprochen, nun eine noch nie da gewesene Lenkungsmöglichkeit in der Hand zu haben. Das heute so beliebte „Führen mit Zielen" scheint mit Hilfe von Standards und Kennzahlen, die als recht beliebig herauf- und herunter

---

[20] KVP steht für „kontinuierlicher Verbesserungsprozess"

setzbare „Stellschrauben" angepriesen werden, nur noch eine leichte Zeigefingerdrehung des obersten Chefs zu erfordern.

1.2. Unvermeidbare allgemeine Mitarbeiterprobleme im QM

Schon in der ersten Erhebungsphase in einem QM-Prozess werden von den Mitarbeitern nicht nur starke Nerven, sondern zeitliche Ressourcen eingefordert, die meist in keinem sinnvollen Verhältnis zu den Ergebnissen stehen. Da werden selbstverständliche und einfachste Abläufe mühselig schriftlich dokumentiert, da wird fleißig noch einmal aufgeschrieben, was schon lange aufgeschrieben war. Manchmal ist schon nach dieser Einleitungsphase der QM-Prozess zu Ende. Die Mitarbeiter wissen nun genau, was sie schon vorher wussten und können wieder ihrer Arbeit nachgehen. Wenn sich die Qualitätsingenieure aber an das „ständige Verbessern" heran machen, müssen die Mitarbeiter noch mehr Zeit für Dokumentationen opfern. Anstelle Maschinen zu bedienen, Verwaltungsvorgänge abzuschließen, Patienten zu kurieren, Kunden zu bedienen und Schülern und Studenten etwas beizubringen werden die Mitarbeiter im Zuge der ständigen Verbesserung mit Wichtigerem beschäftigt: mit der präzisen und stetig zu wiederholenden Messung der Einzelbestandteile all dieser Vorgänge!

Die Auswanderung vieler Ärzte aus Deutschland hat nach einer Untersuchung des Marburger Bundes nicht etwa schlechte Bezahlung und lange Dienstzeiten in den Kliniken als Ursache. Nein, es sind die Dokumentationsaufgaben, die diese Berufsgruppe zur Flucht treiben: „Etwa ein Drittel der Befragten gab an, sich zwischen zwei und drei Stunden täglich! mit Verwaltungstätigkeiten beschäftigen zu müssen."[21]

Damit Mitarbeiter zumindest in einem gewissen Rahmen ihren eigentlichen Tätigkeiten nachkommen können, sind

---

[21] nach AOL Nachricht vom 19.9.07

heute in fast allen Großunternehmen eigenständige Abteilungen für die „Qualitätssicherung" eingerichtet. Mit Hilfe alter und immer neuer Methoden (FMEA[22], Audits, BSC[23], Benchmarking, CIA[24]. CMMI[25], SPC[26], QFD[27], Data mining...) kann dort nach Herzenslust all das kontrolliert, ausgewertet, dokumentiert und gezählt werden, was sich in einer Unternehmung hierfür zu eigenen scheint. Dass am Ende in den „Qualitätsabteilungen" weniger die übrigen Mitarbeiter von Qualitätsaufgaben entlastet werden und statt dessen hier erst ganz ungestört eine Stoßkraft für neue Messungen und Dokumentationsaufgaben entwickelt wird, liegt in der Natur der Sache.

Aber leider gibt es nicht nur den unvermeidbaren Mitarbeiterenergiefresser „Datenerhebung und Messung". Denn auch nach der präzisen, ausdifferenzierten Gestaltung der Arbeitsprozesse kann nicht verhindert werden, dass offene Fragen, Unklarheiten, Störungen, eben Fehlermöglichkeiten jeder Art auftreten. Je komplexer ein Arbeitsprozess, desto größer ist nicht nur die Wahrscheinlichkeit, dass irgendwann Störungen auftreten. In komplexen Prozessen treten Störungen gern von Anfang an auf. Wenn sich Krankenhauspatienten bei der Aufnahme nicht den Standarduntersuchungen beugen wollen, Schüler einer Jahrgangsstufe noch nicht den Standardstoff der vorhergehenden Jahrgangsstufe verstanden haben, Versicherungskunden ganz individuelle Bedingungen wünschen... ist die ganze schöne neue Welt der Standardisierung in die Brüche gegangen lange bevor ein Mitarbeiter qualitätsgerecht und kennzahlgerecht in Aktion treten kann.

Wie sieht es nun aber für die Mitarbeiter aus, wenn sie solche Störungen schnell und unbürokratisch behandeln wollen. Prozessbeschreibungen sind schließlich keine Handlungsvorschläge, sondern Standards, eben das was

---

[22] Failure Mode and Effects Analysis
[23] Balanced Scorecard
[24] Cross-Impact Analysis
[25] Capability Maturity Model Integration
[26] Statstical Process Control
[27] Quality Function Deployment

früher „Vorschriften" genannt wurde. Indem Mitarbeiter auf Standards verpflichtet werden, die es vor Einführung des QM noch gar nicht gab, wird ihr Entscheidungsspielraum deutlich eingegrenzt. Entscheidungen sind es aber, die in solchen unklaren Situationen getroffen werden müssen.

Was können also Mitarbeiter tun, die mitten in einem Prozess feststellen, dass - aufgrund von Fehlplanung, von veränderten Rahmenbedingungen etc. - Grundlegendes schief läuft? Die Problematik mit einer eigenen Entscheidung kurzfristig ohne großen Aufwand zu lösen, wird im QM oft bedeuten, dass die Prozessvorschriften, die Standards, verletzt werden. Korrekterweise müssten die Mitarbeiter sich also an die nächst höhere Hierarchieebene wenden und dort um eine Entscheidung bitten.

Das mittlere Management wird in QM-Prozessen aber gern ganz abgeschafft. Schließlich hat man ja stattdessen die vielen Kennzahlen, die nicht nur der Mitarbeiterorientierung dienen. Unsichtbare Kennzahlfäden sollen dafür sorgen, dass die Arbeitsprozesse genau so durchgeführt werden wie sie nach der aufwändigen Erhebungsphase im Detail geplant wurden. Die QM-Rhetorik von „Selbstbestimmung", „Mitbestimmung", „Individualisierung" oder gar „Empowerment" bedeutet schließlich, dass Mitarbeiter ihre Arbeitsleistung ganz persönlich und allein aufs Strengste kontrollieren. Probleme sind in diesem Rahmen nicht vorgesehen.

Sie werden deshalb in „ausgereiften" Prozessen meist tapfer ignoriert.[28] Probleme aller Art müssten nämlich sonst (wie vor den Prozessfestlegungen das Wissen der Mitarbeiter) von unten nach oben transportiert werden – um dann am Ende schließlich von der obersten Leitung entschieden und wieder heruntergeschickt werden zu können. Nicht nur den Vorgesetzten ist das im Allgemeinen zu dumm. Auch die Mitarbeiter werden – um am Ende noch ein wenig handlungsfähig zu bleiben – das ganze QM-Prozessieren, den ganzen Dienst nach Vorschrift umgehen

---

[28] In Kapitel III, Abs. 3 wurde gezeigt, auf welche Weise die Ignoranz von Problemen in ausdifferenzierten QM-Prozessen ermöglicht wird.

61

und eigene Entscheidungen treffen. Klar, dass sie damit Abmahnungen, Rügen usw. bis hin zu rechtlichen Strafandrohungen in Kauf nehmen müssen.

Die Energie der Mitarbeiter wird im QM also zu einem großen Teil in sinnlosen Qualitätszirkelsitzungen, in Messprozeduren jeglicher Art, in ungelösten Problemen und unklaren Entscheidungssituation verbraucht. Was noch übrig bleibt, kann dann aber nicht nur in Schuldgefühle und Befürchtungen aufgrund notwendiger „Standard"-Übertretungen gesteckt werden. Denn neben diesen allgemeinen durch das QM ausgelösten Problemen gilt es vor allem das Folgende zu meistern.

1.3 Konzentration auf die angelegten Daumen(stell)schrauben - das zentrale Mitarbeiterproblem im QM

Man kennt das Phänomen aus der Wissenschaftstheorie schon lange. Es wurde hundertfach mit dem immer gleichen Beispiel beschrieben: mit dem „Flügelschlag eines Schmetterlings", der im Zuge einer Kausalkette einen Sturm auslöst. Kleine Ursachen können große Wirkungen haben. Im QM soll nun ein leichtes Drehen an den Stellschrauben, an den Vorgabewerten der Standards und Kennzahlen, in einem wahren Sturm enden von erhöhten Mitarbeiterleistungen, von mehr Produkten, die auch noch besser sind als die alten, von höheren Gewinnen und schließlich fulminanten Börsennotierungen.

„Als Verbesserungsziel könnte beispielsweise von der Unternehmensleitung gefordert werden, mit Hilfe des Modells die Marge innerhalb eines definierten Zeitraums zu verdoppeln. Die erzielte Erhöhung der Marge dient ....zur Steigerung der Mitarbeitermotivation...."[29] So einfach ist

---

[29] T. Simon und M. Janzen: Einsparen – aber kontinuierlich. In: „Qualität und Zuverlässigkeit", H.9/2001, S. 1172

das Managen also im QM. Da mögen die Mitarbeiter statt Motivation auch Klagen und Stöhnen zeigen. Der QM-Beauftragte wird den verunsicherten Unternehmensleiter beruhigen: „Da müssen die nun mal hingebracht werden. Da müssen die durch..." Was wird aber für ein Sturm durch solch einen kleinen Dreh ausgelöst? Wer am Ende den höheren Preis für das Manipulieren an den Stellschrauben, für das Führen mit ehrgeizigen Zielen zahlt, soll im Folgenden einmal genauer betrachtet werden.

Die „QM-Ressource Mitarbeiter" ist ein menschliches Wesen und in dieser Eigenschaft sind ihre physischen und psychischen Kapazitäten begrenzt. Stetig wachsende Leistungssteigerungen finden in diesem Umstand ihre ganz natürliche Begrenzung. Mitarbeiter bringen aber noch etwas anderes mit: Wissen, Flexibilität, Kreativität und die Intelligenz, dies alles anzuwenden. Im QM glaubt man nun nicht nur, dass das Mitarbeiterwissen einfangbar ist und problemlos in die Prozessbeschreibungen hineingefüllt werden kann, sondern auch daran, dass dieses Wissen wie ein echter Juwelenschatz dort sicher aufbewahrt und verankert werden kann.

Jeder, der ein wenig vom Wissen weiß, ahnt bereits um die Dimensionen des unvermeidbaren Zusammenbruchs, den ein solcher Cocktail aus Mythen und Allmachtsphantasien zur Folge hat. Mitarbeiter haben einen unvergleichbar direkteren Zugang zu dem Wissen in ihrem Arbeitsbereich als jeder QM-Auditor. Wenn ihnen die Daumenschrauben angelegt werden, werden sich Mitarbeiter zu schützen wissen. Natürlich werden die Mitarbeiter das Plansoll erfüllen, wenn nicht gar übererfüllen. Um dabei nicht zu Schaden zu kommen, können sie verschiedene Wege beschreiten. Schon im Prozess der Planung der gefürchteten Normen und Standards werden kluge Mitarbeiter entsprechenden Einsatz geleistet haben: „Du musst diese Typen mit ihren eigenen Waffen schlagen und jeden Handgriff, jede Bewegung, die du machst, vorher ganz genau überlegen. Von allem ein bisschen mehr und ein bisschen langsamer machen, alle Sicherheitsvorschriften genau befolgen...Nur wenn du dein ganzes

Gehirnschmalz zusammennimmst, kannst du verhindern, dass sie dich fertig machen", so ein Arbeiter aus einem Industriebetrieb zu den Messungen der QM-Ingenieure.

Auch wenn nach der Planungsphase alle Vorgaben in den Qualitätshandbüchern detailliert beschrieben vorliegen, gibt es für Mitarbeiter genügend Raum für Manipulationen. So ist es mit Hilfe des „Tunnelblicks" beispielsweise möglich, unsinnige Vorgaben recht problemlos zu bedienen. Dann wird eben nur noch das getan, was der Standard vorgibt und was die Kennzahlwerte in die Höhe treibt. An Universitäten kann dazu Skurriles beobachtet werden. Wenn dort beispielsweise im Rahmen einer „leistungsgerechten" Verteilung von Forschungsgeldern diejenigen am meisten erhalten, die innerhalb eines bestimmten Zeitraumes die meisten Veröffentlichungen in vorgegebenen Fachzeitschriften vorweisen, kann man sich vorstellen, womit die Wissenschaftler ihre Zeit verbringen. Da wird nicht etwa mehr geforscht und getüftelt, da wird dann veröffentlicht, was das Zeug hält.

Auch wenn Kinder heute in der Schule weniger lernen als noch in Vorpisazeiten mag das am Tunnelblick der Lehrer liegen. Gelehrt wird vor allem das, was auch getestet wird. Wenn Bürger bei öffentlichen Verwaltungen über inkompetente Beratung und Entscheidung klagen, darf auch hier nicht vergessen werden, dass die Mitarbeiter all die Seiten ihrer Kompetenz brach liegen lassen müssen, die später nicht genau nachgemessen werden. Warum sollte sich eine Angestellte um einen komplizierten Bauantrag kümmern, wenn es für sie darauf ankommt, möglichst viele Anträge in der Woche zu bearbeiten.

Der Tunnelblick, der früher von Arbeitgebern so gefürchtete „Dienst nach Vorschrift" ist aber nur eine Möglichkeit, naiv konstruierte Ziele zu erreichen. Auch kleine Manipulationen an der Statistik sind nicht exklusives Vorrecht des QM-Personals. Jeder kann sich an den Datenfälschungen, den Phantasie-Messungen und Phantasiezählungen beteiligen. Wer will Beratungsstellenmitarbeitern schon nachweisen, dass ihre wöchentliche, datengeschützte Klientel nicht etwa 69, sondern gerade mal 34 Personen umfasst.

Und wer will ernsthaft eine Arbeiterin in der Endkontrolle anmahnen, dass sie von den 1000 notwendigen Blickkontrollen nur 600 ausgeführt hat? Das einfache „Durchhaken" ist im QM eine überaus beliebte Strategie, die es auf allen Prozessebenen erlaubt, umfangreicher Formblätter am Ende doch noch Herr zu werden.

Als dritte Methode, dem „Führen mit Zielen" zu begegnen, ist die – einfache oder phantasievolle - Uminterpretation der Vorgaben und Standards geeignet. Auch hier machen ja die QM-Ingenieure vor, wie das funktioniert (vgl. z.B. Kapitel IV, Abs.3.9). Betrachtet man also beispielsweise den Standard „ausführliches Gespräch mit dem Neukunden", das vor den QM-Maßnahmen durchschnittlich 20 Minuten dauerte und auch danach in seiner Länge nicht festgelegt wurde. Mitarbeiter, die nun unter den Stellschraubendrehungen sehr leiden, werden den Begriff „ausführlich" ganz individuell interpretieren und so potentielle Kunden qualitätsgemanagt schon nach 5 Minuten verscheuchen. Auch wenn ein Lehrer den Standard „individuelle Förderung" anheben soll und dies dann mit der Kennzahl „Anzahl der Sitzenbleiber" kontrolliert wird, dann kann er das Erreichen des Standards ganz nach eigenem Gutdünken „dokumentieren". Am Ende lässt er einfach weniger Schüler sitzen und kann damit die Zielerreichung (des Kennzahlwertes) belegen.

Die Kreativität, das Wissen und die Intelligenz von Mitarbeitern werden im QM verschwendet in den „Diensten nach Vorschrift" (denn auch der Tunnelblick muss von motivierten Mitarbeitern erst einmal gelernt werden), in den notwendig gewordenen kleinen und großen statistischen Betrügereien und in Uminterpretationen und Neudefinitionen der makabren neuen Standardwelt. Manchmal können die Mitarbeiter damit sogar ein wenig echte Qualität für sich, für die Organisation und für die Kunden retten. Meist ist aber klar wer mittel- und langfristig die Zeche für das stetige Weiterdrehen der Stellschrauben zahlt. Unternehmen graben aber nicht nur auf diese Weise ihr eigenes Grab. Das QM hält neben dem Pflichtproblemprogramm für Mitarbeiter auch in der Kür noch einige Möglichkeiten bereit, die im Folgenden betrachtet werden sollen.

1.4. Mitarbeiterverhöhnung und Mitarbeitererpressung im QM

Im QM wird gern vermutet, dass die Mitarbeiter – wenn nur alles in nette Worte gepackt wird – gar nicht richtig merken, was da vor sich geht. So meint ein QM-Guru: „Wenn ein Management die Produktivität im Unternehmen steigern will, wird der Betriebsrat fragen: "Warum denn eigentlich? Das heißt doch im Grunde nur, dass wir härter arbeiten müssen. Was ist für uns dabei drin?" Gegen Qualität kann jedoch niemand etwas haben, auch nicht der Betriebsrat."[30]

Da wird weiter versucht, Krankenschwestern die differenzierten Prozessbeschreibungen als Chance auf „Professionalisierung" („da sieht man wenigstens, was Sie alles machen...") zu verkaufen. Arbeitern wird vorgemacht, dass es nun endlich an der Zeit sei, die „Trennung von Hand- und Kopfarbeit" zu ihren Lasten zu beenden. Angestellten wird erklärt, dass die vielen neuen Vorschriften alles viel transparenter machen würden und dass diese Transparenz ja letztlich ihrer eigenen Sicherheit dienen würde („Sie können dann immer sagen, dass Sie alles richtig gemacht haben...") Und allen zusammen wird etwas von Vereinfachung (unter der differenzierten Oberfläche) erzählt und von der Zukunft, die besteht aus vollendeter Qualität, aus Nullfehlerprozessen und Excellence.... Die real-sozialistischen 5-Jahres-Planer, deren kühnste Qualitätsrhetorik nicht weit über die „Helden der Arbeit" und die „Übererfüllung des Plansolls" hinausging, wären angesichts solcher Sprüche vor Neid erblasst.

Ja, selbst die Verschmelzung von „Arbeit und Kapital" ist in der QM-Rhetorik kein Problem mehr! Mit Hilfe des Kon-

---

[30] I. Masaaki (1998). Kaizen: Der Schlüssel zum Erfolg der Japaner im Wettbewerb. München: Ullstein, S. 130

zeptes des „internen Kunden" kann hier jeder Widerspruch vermieden werden: Die internen Kunden eines Unternehmens sind nämlich nicht etwa diejenigen, die am Ende ein Produkt in den Räumlichkeiten des Unternehmens kaufen, nein, die internen Kunden sind die Kollegen. Ein Mitarbeiter soll seine Kollegen so zuvorkommend behandeln wie Kunden behandelt werden sollten. Vor allem aber sollten alle Erwartungen und Ansprüche des internen Kollegenkundens an die Qualität des Arbeitsproduktes („so wie im wirklich wahren Leben", möchte man hier hinzufügen) vollständig erfüllt werden. Das Produkt ist sowohl das Arbeitsergebnis als auch die Verkaufsware des Mitarbeiters. Im Konzept des „internen Kunden" ist also jeder Mitarbeiter Kunde/Käufer von Arbeitsprodukten und Unternehmer/Verkäufer von Arbeitsprodukten zugleich. In der Forderung des internen Kollegenkundens nach „perfekt den Standards entsprechender Ware" findet dann die vollständige Verschmelzung von Unternehmensinteressen und Mitarbeiterinteressen statt...

Die Verdummung von Mitarbeitern mit solchen „Konzepten" ist oft nur der Einstieg in die Steigerung dieser Strategie. So werden beispielsweise durch bewusste Fehler- und Falschmessungen Standards künstlich hoch getrieben. In einem bekannten Universitätskrankenhaus wurden die Mitarbeiter im QM-Verfahren dazu genötigt, ihre Leistungsstatistik zu ihrem Nachteil zu schönen. Die Mitarbeiter sollten sich gefälligst in ihren Erhebungen an Abteilungen orientieren, die günstigere Werte gemessen hatten. Frisierte Leistungsbilanzen setzen Mitarbeiter unter Druck und lassen ein Unternehmen nach außen hin besser erscheinen als es tatsächlich ist. Wenn aber die Vorgabewerte sich in unrealistischen Höhen bewegen, werden sich die Mitarbeiter über diese Werte hinwegsetzen müssen, um den echten Erfordernissen des Betriebsablaufes nachzukommen. Die Vorgesetzten werden diese Regelübertretungen, die ja auch in ihrem Interesse sind, weitgehend tolerieren. Dabei bieten die unrealistischen Vorgaben ein wirksames Mittel zur beliebigen Disziplinierung und Erpressung. In Konfliktfällen können sich die Vorgesetzten auf die gegebenen Regeln und

Standards berufen, auf ihre Einhaltung bestehen und ihre Nichteinhaltung sanktionieren.

Und was geschieht, wenn trotz der ganzen Verdummungs- und Erpressungsversuche die angestrebten Standards und Kennzahlwerte nicht einmal mit Tricks und Augenzudrücken erreicht werden? Wenn die Mitarbeiterprobleme sich immer offensichtlicher als Unternehmensprobleme herausstellen? Ja, darauf lautet die Schelte aus den Reihen der Qualitätsingenieure, dass Arbeiter und Angestellte und insbesondere auch das noch übrig gebliebene vermaledeite mittlere Management doch nur endlich „richtig mitmachen" müssten, dann könnten auch die goldenen Zeiten anbrechen, in denen das Qualitätsmanagement so funktioniert wie es in den Hochglanzbroschüren versprochen wird.

1.5. Die Zauberlehrlinge: Wie aus Mitarbeiterproblemen im QM immer mehr Unternehmensprobleme werden

Mitarbeiter bringen jeden Morgen nicht nur den größten Anteil ihrer Zeit, sondern auch ihres Engagements und ihrer Motivation mit in die Firma. Und da es kaum Menschen gibt, die ihre wertvollsten Ressourcen verschwenden wollen, könnten Unternehmen, Verwaltungen, Krankenhäuser und Universitäten durch ihre Mitarbeiter über ein tragfähiges und belastbares Fundament verfügen, das auch in problematischen Zeiten verlässlich ist.

Was geschieht aber, wenn die Mitarbeiter wie oben beschrieben behandelt werden, wenn sie gegängelt und unnötig kontrolliert werden, wenn sie nicht einmal durch die naive QM-Rhetorik ernst genommen werden und ihnen sogar die Sündenbockfunktion für die unabweisbaren Verfehlungen des QM auferlegt wird? Wir haben bereits gesehen, auf welche Weise QM-gebeutelte Mitarbeiter ihre Energien auch auf andere Art verwenden können. Die Vorgaben werden

erfüllt um einen hohen Preis für die Organisation, für Qualität und Kunden... Damit sind die Blockierungsmöglichkeiten der Mitarbeiter aber noch lange nicht ausgeschöpft. Im Arbeitsalltagsleben bietet sich den Mitarbeitern aller Hierarchiestufen eine Fülle von Gelegenheiten, ihre wertvolle Zeit in Racheakte jeglicher Art zu investieren.[31] Wenn QM gegängelte Mitarbeiter mit Hilfe des Tunnelblicks nur noch „Dienst nach Vorschrift" machen, bleiben ihr Engagement und ihre Eigeninitiative auf der Strecke. Auch wenn die Standards mühelos erreicht werden, werden Mitarbeiter, die „innerlich gekündigt" haben, ihre freien Kapazitäten nicht verschwenden wollen. Das Nachdenken über Firmenprobleme, die nicht in ihre unmittelbaren Zuständigkeitsbeschreibungen gehören, werden sie einstellen. Durch Unterlassen, durch Nichtstun, Trödeln und stille Verweigerung haben es die Mitarbeiter in der Hand, ihrem Arbeitgeber QM-Bevormundung und QM-Drangsalierung auf einfachste Weise zurückzuzahlen. Büromitarbeiter beispielsweise müssen sich dafür lediglich ein wenig in der Disziplin „Vortäuschung von Arbeit" üben und sind dann nicht einmal von ausgefuchsten QM-Beauftragten zu enttarnen. In der einschlägigen Literatur[32] finden Mitarbeiter genügend Hinweise dafür, wie sie geschäftig erscheinen können, ohne wirklich etwas zu tun:
- durch dauerhaftes Klagen über Arbeitsstress
- durch das stetige Herumtragen von schweren Dokumenten (auch auf dem Gang zur Cafeteria und beim Klönen mit den Kollegen)
- durch das gehetzte, verspätete Erscheinen auf Sitzungen („Ich komme gerade von xy...)
- durch das vorzeitige Verlassen derselben Sitzung mit Gram gebeutelten Gesichtsausdruck

---

[31] Vgl. S. Reinker (2007). Rache am Chef. Die unterschätzte Macht der Mitarbeiter. Berlin: Econ

[32] Vgl. C. Maier (2003). Die Entdeckung der Faulheit. München: Goldmann und S. Adams (2003): Das Dilbert-Prinzip. München: Redline-Wirtschaft

- durch die Mitnahme von Akten am Abend und vor allem am Wochenende
- durch das Versenden von Massen-Emails usw.

Wer nun glaubt, dass es sich bei den frustrierten Mitarbeitern um Ausnahmefälle handelt, wird enttäuscht. Nach einer DGB-Umfrage aufgrund der Aussagen von mehr als 6000 Beschäftigten im Jahr 2007 beurteilten ein gutes Drittel ihre Arbeitssituation als „mangelhaft". Die Unternehmensberatung „Gallup" kommt 2008 sogar auf rund zwei Drittel aller Mitarbeiter, die sich innerlich von ihrer Firma so weit verabschiedet haben, dass sie nur noch Dienst nach Vorschrift machen. Rund 20% - Tendenz steigend - haben nach dieser Studie innerlich gekündigt.

Angesichts dieser Zahlen wundert es nicht, wenn Mitarbeiter noch ganz andere Register ziehen als nur die stille Verweigerung in Form von Nichtstun, übermäßigen Krankfeiern und Erledigung privater Angelegenheiten am Arbeitsplatz (im Internet surfen, Freunde anrufen, privaten Papierkram aufarbeiten…). Oft sind Mitarbeiter auch bereit, aktiv gegen die Interessen ihrer Firma zu arbeiten. Für durchgreifende Aktivitäten zum Schaden der Arbeitgeber bieten sich viele Möglichkeiten an. Da wird „vergessen", wichtige Informationen weiterzugeben. Da werden Gerüchte in die Welt gesetzt und „aus Versehen" gravierende Rechenfehler in entscheidende Unterlagen eingearbeitet. Und da drehen die Mitarbeiter ihrerseits ein wenig an bedeutsamen Stellschrauben im Unternehmensablauf und lösen auf diese Weise klammheimlich Sabotage und Blockaden aus. Im Computerzeitalter ist es schon mit Hilfe weniger Klicks möglich, Festplatten zu löschen und Viren zu verteilen… Experten vermuten, dass so manches Unglück, vom Flugzeugabsturz bis hin zum Atomunfall durch frustrierte Mitarbeiter ausgelöst wurde. Da bei Racheakten meist das Timing stimmt, also Demütigung und Racheakt von Außenstehenden kaum mehr in einem Zusammenhang gebracht werden können, sind die Verantwortlichen im Regelfall nicht auszumachen.

Schließlich können Mitarbeiter durch den Klau von Material, von Ideen und Wissen, einen kleinen Ausgleich für erlittene Demütigungen erhalten. Auch diese Mitarbeiterstrategie, die dafür sorgt, dass QM-Zumutungen vehement zurückgewiesen werden, wird keineswegs nur in seltenen Ausnahmefällen angewandt. Wissensklau ist für Unternehmen meist umso problematischer, je höher der Klau-Mitarbeiter in der Hierarchie steht, je mehr exklusiven Zugang er also zu den entscheidenden Informationen hat.

Und wenn am Ende gar nichts mehr hilft, schrecken Mitarbeiter nicht davor zurück, offen und aktiv gegen ihren Arbeitgeber vorzugehen. Neben der Anrufung von Arbeitsgerichten ist das Herantreten an die Öffentlichkeit ein effektives Mittel dem (ehemaligen) Arbeitgeber nachhaltig Kontra zu bieten. „Wistleblower" sind Informanten, die nicht rechtmäßiges Handeln in ihrem Unternehmen an die Öffentlichkeit bringen. Gerade im Zuge eines immer mehr um sich greifenden Verordnungs- und Qualitätsvorschriftenwahns können nämlich nicht nur Arbeitnehmer, sondern auch Organisationen immer mehr falsch machen. Die Öffentlichkeit ist dann dankbar, über die vielen Nichtqualitätseinhaltungsfälle in Unternehmen und Verwaltungen gründlich informiert zu werden.

2. Wie Qualitätsmanagement zum Wissensverlust in Unternehmen führt

Im Qualitätsmanagement umgibt man sich gern mit einer Aura von Präzision und Unfehlbarkeit. Suggeriert wird dabei eine besondere Nähe zu Naturwissenschaft, Technik und Mathematik. Die allgemeine Akzeptanz und Achtung, die Erkenntnisse aus der Wissenschaft erfahren, soll mit dieser Anlehnung auch dem QM verfügbar gemacht werden. Aber es macht bereits auf den ersten Blick einen gewaltigen Unterschied, ob man sich um kurzfristig realisierbare Kosteneinsparungen und Gewinne oder aber um dauerhafte Erkenntnisse bemüht. Die unvoreingenommene Sicht auf einen Sachverhalt ist im QM von Anfang an durch einen ideologisch verzerrenden Filter verstellt. Gültigkeit und Akzeptanz erfährt im QM nicht das, was auch vor einer unabhängigen Wissenschaft Bestand hätte, sondern ein beliebiger Status quo gilt als unhinterfragbarer Ausgangspunkt aller Überlegungen. „Wissen" ist damit im QM ein ganz eigener Stoff, der nicht viel gemeinsam hat mit einem allgemein anerkannten Wissen.

Dennoch, auch der Verlust dieses problembehafteten „Wissens" im QM verläuft nach ähnlichen Regeln wie der unvermeidbare Wissensverlust in der Wissenschaft. Wenn im Folgenden diese Regeln beschrieben werden, sei aber auf einen weiteren bedeutsamen Unterschied zwischen QM und Wissenschaft verwiesen. In der Wissenschaft war es von Anfang an üblich, sich den erkenntnistheoretischen Problemen zu stellen. Wissensverlust wurde hier nicht nur auf vielfältige Weise immer wieder beklagt, sondern auch ans Tageslicht geholt und verdeutlicht. Die in den folgenden Abschnitten auf das QM übertragenen Prozesse des Wissensverlustes knüpfen an solche traditionsreiche Beschreibungen an. Doch vorab ein Blick auf die Problematik des Messens.

1. Das Messproblem I: Messen heißt „Relativieren"

Nicht mehr dem *(Ab-)wägen*, sondern dem *Messen* kommt im QM zentrale Bedeutung zu: „Was man nicht messen kann, kann man auch nicht verbessern." so heißt es oft in Publikationen zum QM. In dieser markigen Aussage spürt man die Wurzeln des Qualitätsmanagements, die fest in den Glaubensgrundsätzen der Ingenieurswissenschaften verankert sind. Was dort nicht zu messen ist, kann es eigentlich auch nicht geben. Dabei ist das *Messen* nicht unbedingt ein geeigneter Beleg für das „Dasein" einer Sache. Denn in jedem Messen steckt ein Problem: Messen kann man immer nur in Bezug auf etwas anderes. Längen werden beispielsweise in Bezug auf das in Paris aufbewahrte Urmeter bestimmt. Auch ein Liter macht nur Sinn in Bezug auf eine bestimmte Menge Flüssigkeit, die vorab willkürlich festgelegt wurde.

Auf den ersten Blick scheint der „gemessene" Gehalt von Nährstoffen in einem heutigen Qualitätslebensmittel eine Aussagekraft zu haben. Die Qualität eines Qualitätswürstchens, das eine bestimmte Nährstoffmenge enthält, ist aber nur einzuschätzen, wenn man weiß, wie viele Nährstoffe in anderen Lebensmitteln stecken, wie viele Nährstoffe pro Tag benötigt werden, wie die biologische Verfügbarkeit der Nährstoffe in Qualitätswürstchen aussieht, welche anderen chemisch-stofflichen Randbedingungen (in dem Würstchen, in der weiteren Nahrung, im Körper) gegeben sein müssen etc..

Dass gute Qualität oft „relativ" ist, leuchtet sicher ein. Aber gilt das auch für die maßgeblichen Einheiten auf die die Messung der „Qualität" aus einer Managementtheorieperspektive heute oft reduziert wird – wie z.B. *Geschwindigkeit, Geld und Zeit?* Auch diese scheinbar absoluten Größen sind nur in Bezug auf Anderes, auf etwas Zweites beschreibbar. Bei der Geschwindigkeit ist dieses Zweite eine Verknüpfung von „Distanz und Zeit". Auch Geld an sich ist nur bedrucktes Papier. Und eine Stunde ist nur deshalb „messbar", weil sie in Bezug zu etwas Anderem – eben der Bewegung der Planeten - gesetzt wird.

Ja, sogar im Medium des Messens selbst, den Zahlen, steckt dieses Problem. Zahlen an sich sagen gar nichts aus. Erst mit dem Bezug auf (zählbare) Dinge oder zumindest auf andere Zahlen machen sie Sinn. Dieses Problem trieb Generationen von Philosophen und Mathematikern zur Verzweiflung: Wie soll das Sein erklärt werden ohne Bezug auf das Nichtsein? Wie soll die Zahl Eins erklärt werden ohne Bezug auf die „Zahl" Null?

Das Fazit bleibt immer dasselbe: Messen kann man nur in Bezug auf ein Zweites, das seinerseits nur durch ein weiteres „unsichtbares Drittes" bestimmbar ist usw. Oder anders ausgedrückt: Messen ist ein Vergleichen auf der Grundlage anderer Vergleiche. Messen ist ein stetiges Relativieren. Harte Fakten werden unter dieser Perspektive weich.

2.2. Das Messproblem II: Nicht alles, was zählbar ist, zählt und nicht alles, was zählt, ist zählbar (Albert Einstein)

Bevor in QM gezählt und gemessen werden kann, wird auch dort versucht herauszufinden, ob tatsächlich das gemessen wird, was auch gemessen werden soll. Ein Kundenzufriedenheitstest sagt beispielsweise nur etwas aus, wenn er auch die Kundenzufriedenheit misst. Die Verbindung einer solchen Messung mit Preisausschreiben, Gutscheinverteilungen und Freikarten wird auch ein Ergebnis haben, aber eben nicht unbedingt das der Feststellung der Kundenzufriedenheit.

Um die richtigen Messwerte herauszufinden, müssen die folgenden Fragen beantwortet werden:
- Was ist der unverzichtbare Kern eines Produktes bzw. eines Arbeitsprozesses?

- Durch welche Merkmale wird er bestimmt?
- Wie ist das Gewicht dieser Merkmale zueinander und zu anderen Prozesskomponenten?
- Wie können Kennzahlen konstruiert werden, mit denen die einzelnen Merkmale gemessen werden können?

Bei einfach strukturierten Prozessen, also solchen, bei denen die wesentlichen Komponenten zweifelsfrei bestimmt werden können, scheint es einfach, das jeweils Richtige zu bestimmen. Für das Offensichtliche, das Banale und das auf der Hand Liegende interessiert sich jedoch meist niemand. In komplexen Prozessen eröffnen die Antworten auf jede der obigen Fragen unendlich viele Fehlermöglichkeiten. Im Kern geht es bei allen vier Fragen darum, das „Wichtigste" dingfest zu machen. Hier stellt sich bei komplexen Prozessen die Hürde, dass unterschiedliche Betrachter das Wichtigste in einem Prozess unterschiedlich beurteilen. Auch im Ablauf der Zeit verschieben sich die Prioritäten und das, was vorab wichtig erschien, wird auf einmal nichtig und klein.

Ob beispielsweise ein Lebensmittel sich gut oder schlecht verkaufen wird, hängt nicht nur davon ab, auf welche Weise es hergestellt wird, welcher Geschmack, welche Inhaltsstoffe und welche Kalorienzahl es aufweist. Immer mehr spielen auch Aspekte eine Rolle, nach denen früher kaum jemand gefragt hat: Ist es „bio" oder nicht, kann es an eine Modewelle in den Bereichen Gesundheit und Lifestile angehängt werden? Das Gleiche gilt für die Untersuchung von Arbeitsprozessen. Das Wichtigste ist meist erst auf den zweiten und dritten Blick erkennbar, es ist verhandelbar und ändert sich mit der Zeit und dem Beobachter.

Oft wird versucht, das Wichtigste in einem Prozess dort zu finden, wo es offensichtliche Probleme gibt. Aber auch mit einer problemorientierten Sichtweise kann man sich verlaufen, da sie den Blick auf das, was ganz ohne Probleme läuft, verstellt und damit das Wichtigste in den Hintergrund drängt. Wenn das Management der deutschen Bundesbahn beispielsweise die mangelnde Anzahl von Hochgeschwindigkeitszügen mit entsprechenden Gewinnerwartungen beklagt und die Nebenstrecken aus dem Blickfeld schiebt, übersieht es die enge Verbundenheit des einen mit dem anderen. Ohne gut ausgebaute und funktionierende Nebenstrecken gibt es auch nicht genug Hochgeschwindigkeitszugnutzer.

Auch wenn wir glauben, das Wichtigste gefunden zu haben, bedeutet das nicht, dass es damit auch gleich sichtbar gemacht werden kann. Die Frage, durch welche Merkmale es bestimmt werden kann, ist oft kaum zu beantworten. Ein Tischler, der ein begnadeter Handwerker ist, wird seine Arbeitsabläufe differenziert festhalten können und dennoch wird es einem anderen Tischler oftmals nicht möglich sein, nach seinen Vorgaben die gleichen Ergebnisse zu erzielen. In der Organisationstheorie wurde zur Kennzeichnung dieses Sachverhaltes zwischen dem „expliziten Wissen" (Wissen, das sichtbar gemacht werden kann) und dem „impliziten Wissen" (Wissen, das nicht oder nur sehr schwer sichtbar zu machen ist) unterschieden. Je komplexer Arbeitsprozesse sind, desto mehr implizites Wissen ist meist darin enthalten.

In der modernen Arbeitsteilung wird nicht nur zwischen Kopf- und Handarbeit unterschieden, sondern zudem die Kopfarbeit über die Handarbeit gestellt. Und natürlich sind auch die Kopfarbeiter in eine Hierarchie eingebunden. Eine Lenkung soll von oben nach unten erfolgen. Damit das funktioniert, muss das Wissen umgekehrt - also von unten nach oben - transportiert werden: implizites Wissen muss explizit gemacht werden. Im QM sind die Ansprüche an Umfang und Geschwindigkeit dieses Wissenstransports gestiegen. Alles Wesentliche soll nicht nur differenziert, sondern auch in seiner Flexibilität und Dynamik festgehalten werden.

Bei komplexen Prozessen sind diesem Anliegen schnell Grenzen gesetzt. Eine solche Beherrschbarkeit wird hier auch in Zukunft Illusion bleiben. Manchmal wird versucht, den Zugang zum impliziten Wissen durch verschiedene Formen der Mitarbeiterbeteiligung (Qualitätszirkel, KVP-Teams) zu verbessern. Da Qualitätsmaßnahmen aber im engen Zusammenhang mit der Erhöhung von Zielvorgaben, der Verstärkung von Kontrolle und mit geplanten Entlassungen durchgeführt werden, ist es nicht verwunderlich, wenn Fortschritte im Prozess der Umwandlung impliziten Wissens in explizites von den beteiligten Wissensträgern auch aktiv verhindert werden. Das Wichtigste ist also nicht nur schwer auffindbar, verhandelbar und wandelbar, es ist oft nicht sichtbar zu machen und wird gern bewusst verschwiegen. Messprozesse finden aus all diesen Gründen deshalb meist an Orten statt, wo sich das Wichtigste nicht mehr aufhält, an Orten, an denen Zahlen gesammelt werden können, ohne dass die Messinstrumente überfordert werden müssen; an Orten, die Stoff für Kommunikationen bieten, auf die man bereits vorbereitet ist. Man sucht seine verloren geglaubte Brille ja auch lieber im Schein der gemütlichen Wohnzimmerlampe als in dem düsteren Kellergewölbe, in dem sie das letzte Mal auf der Nase saß.

2.3. Das Messproblem III: Die Fehlerhaftigkeit von Qualitätsmessungen

Die alte Ingenieursweisheit „Wer misst, misst Mist" bezieht sich nicht nur auf die Messproblematik II, sondern auch auf die Fehlerhaftigkeit von Qualitätsmessungen. Im Folgenden werden drei Messfehler beschrieben, die besonders häufig sind: die einfache falsche Messung, die durch die Messung selbst fehlerhaft beeinflusste Messung und die fehlerhafte Darstellung der erhobenen Daten. Die erste, ganz klassische Möglichkeit des fehlerhaften Messens hat ihre Ursache in fehlerhaften Messinstrumenten und in beabsichtigten und unbeabsichtigten Fehlleistungen der Person, die die Messung durchführt. Solche Fehler passieren leicht. Sie sind aber oft schwer zu korrigieren. Jeder kennt wohl die Geschichte vom angeblich besonders eisenhaltigen Spinat, mit der Generationen von Kleinkindern zum Verzehr dieses Gemüses gezwungen wurden. Auch lange nachdem sich herausstellte, dass der Spinateisengehalt einfach nur falsch gemessen worden war, wurde diese Geschichte weitererzählt. Die Erlösung von solchen Falschmessungen kommt nun einmal leider nicht einfach damit, dass irgendwann wieder richtig gemessen wird. Ist ein „Wissen" erst einmal in die Welt gesetzt, dann ist es auch mit guten Beweisen – wie wir in Kapitel III. Abs. 3 gesehen haben - nicht einfach wieder zu entfernen.

Die nächste Ursache für die Fehlerhaftigkeit von Messungen wurde nicht nur in der Physik, sondern auch in der Organisationstheorie lange vor der Einführung von QM-Methoden thematisiert. Sie beinhaltet das Problem, dass es kaum möglich ist, komplexe Prozessmerkmale genau zu messen, ohne sie gleichzeitig durch diese Messung zu verändern. Naturgemäß wirken sich insbesondere beim Erfassen menschlichen Verhaltens Messsituation und Messeingriff auf die Messergebnisse aus. Körperliche Merkmale wie bspw. Temperatur oder Blutdruck zeigen in der Arztpraxis häufig andere Werte als in der häuslichen Umgebung. Psychisch Kranke werden in der psychiatrischen Klinik nicht nur andere Ergebnisse bei Verhaltenstests zeigen als daheim, sondern darüber hinaus durch das jeweilige Testdesign in hohem Maße in ihren Antworten beeinflusst. Und Schüler und Studenten können trotz vorhandenen Wissens in der konkreten Situation versagen, wenn es dem Prüfer (der hier gleichzeitig „Messinstrument" ist) nicht gelingt, dieses Wissen zu Tage zu bringen.

Auch bewusste Manipulationen der Messergebnisse sind in der Messsituation nicht selten. Zum Beispiel kann in einer Behörde versucht werden, die Qualität der Leistung von Mitarbeitern anhand der pro Woche bearbeiteten Fallzahlen zu messen. Die Anzahl der bearbeiteten Fälle wird in einer solchen Situation nicht nur von der Leistungsfähigkeit der Mitarbeiter abhängen, sondern maßgeblich durch die Messsituation mitbestimmt werden. Falls die Mitarbeiter Angst um ihren Arbeitsplatz haben und deshalb sehr konkurrenzorientiert sind, wird sich die Anzahl der bearbeiteten Fälle in einer Woche erhöhen. Falls umgekehrt die Mitarbeiter wissen, dass sie nicht einfach austauschbar sind oder falls sie sich aus anderen Gründen solidarisieren, um spätere überhöhte Vorgaben zu vermeiden, werden die Fallzahlen deutlich sinken. Der Umstand, dass Menschen, die wissen, dass sie beobachtet werden, andere Verhaltensmuster zeigen als ohne Beobachtung, ist sicher nicht schwer nachvollziehbar. Immer werden Mitarbeiter in QM-Prozessen versuchen, Einfluss auf die Messergebnisse auszuüben.

Natürlich werden die Möglichkeiten der Manipulation der Messergebnisse durch die Messsituation auch von den Prüfern selbst genutzt. Leistungstests können an Tagen durchgeführt werden, an denen ein geringes Arbeitsaufkommen zu erwarten ist oder an Tagen, an denen leistungsschwächere Mitarbeiter nicht anwesend sind. Die Überprüfungen können verbunden sein mit offenen oder versteckten Drohungen und Belohnungen. Auch Kundenzufriedenheitstests werden meist so gestaltet, dass möglichst positive Werte erreicht werden können. Nicht nur durch Bonuszahlungen und Werbegeschenke, sondern auch durch entsprechende Formulierung der Fragen und durch die Auswahl eines günstigen Zeitpunktes sind hier immer wieder Steigerungsraten der Zufriedenheit zu erzielen.

Die nun schließlich dritte, aber dennoch nicht weniger bedeutende Weise Fehler in Messprozesse einzubauen, bezieht sich auf die Aufbereitung der gewonnen Daten. Auch wenn alles Zähl- und Messbare in einem Prozess mit geeigneten Instrumenten von zuverlässigem Personal in langen Listen und Tabellen richtig festgehalten wird, können diese Daten ja nicht sofort wiederum als Plandaten verwendet werden. Sie werden aufbereitet z.B. mit Hilfe der Berechnung von Mittelwerten, Standardabweichungen und Varianzen und sie werden dargestellt in Kurven-, Balken- und Kreisdiagrammen.

Hier sind wieder alle Möglichkeiten von Fehl- und Falschdarstellungen und natürlich von bewussten Manipulationen offen. [33] „Datenbereinigungen" erlauben z. B. die

---

[33] Vgl. z.B. W. Krämer (2000). So lügt man mit Statistik. München: Piper

Entfernung von Werten, die in besonderem Maße in unerwünschter Form vom Durchschnitt abweichen. Dateninterpretationen eröffnen ein weiteres Feld der Einflussnahme auf Ergebnisdarstellungen. So können beispielsweise auch Misserfolge „ganz korrekt" in Erfolgen ausgedrückt werden. Wenn in einer Auswertung beispielsweise zu lesen ist: „Die Steigerungsrate unserer Neuverschuldung ist um 3% gefallen?", wer glaubt dann noch, dass die Verschuldung schon wieder größer geworden ist. Auch mit graphischen Darstellungen ist es möglich, die Datenlage zu verzerren und zu manipulieren.

Eine besondere Form der fehlerhaften Datenaufbereitung, die bei Statistikstudenten immer wieder für Erheiterung sorgt, bezieht sich auf die Verknüpfung von Ergebnissen der erhobenen Datensatze. Dann wird z.B. gezeigt, dass eine Steigerung von A mit einer Steigerung von B oder aber eine Steigerung von A mit einer Reduzierung von C einhergeht. Am Beispiel der Aussage: „Die rückläufige Geburtenrate ist auf die rückläufige Anzahl der Störche zurückzuführen." kann die Problematik solcher wechselseitigen Beziehungen oder „Korrelationen", die oft aus Statistiken abgeleitet werden, erahnt werden.

2.4. Wissensverlust durch den eindimensionalen Umgang mit Komplexität

Im QM wird gern der Eindruck erweckt, es handele sich um das klassisch-analytische Denken, das auch im neuzeitlich westlichen Wissenschaftsmodell zum Tragen kommt. Diesem Modell liegt ein Umgang mit Komplexität zu Grunde, der vor allem auf den folgenden Glaubenssätzen beruht:
- *Jede Wirkung hat eine eindeutig bestimmbare Ursache.*
- *Mit Hilfe von weniger als 30 Buchstaben – die in der Computersprache sogar auf zwei Zeichen, 1 und 0, reduziert werden können - lässt sich alles Wissen einfangen.*

- *Durch Differenzierung, also durch die Zerlegung eines Ganzen in seine Teile, können alle Ursache-Wirkungsverhältnisse verstanden werden.*

Das Festhalten an diesen Glaubenssätzen ist eine Möglichkeit mit Komplexität umzugehen, die sicher Vorteile hat. Sie bringt aber auch erhebliche Nachteile, Ungereimtheiten und Widersprüche mit sich:
- *Wenn jede Ursache festgelegte Wirkungen hätte und jede Wirkung ganz bestimmte Ursachen, wären auch Menschen in ihren Handlungen nicht „frei", sondern bestimmt durch alle davor liegenden Ursachen. Eine Entscheidung für diesen oder jenen Weg würde dann nicht wirklich getroffen werden können, sondern wäre schon seit Jahrmillionen vorherbestimmt. Das Qualitätsmanagement hätte aus dieser Perspektive gar keinen Sinn. Freiheit, eben auch Entscheidungsfreiheit, Handlungs- und Planungsfreiheit muss in dem deterministischen Modell Illusion bleiben. Die Ursache-Wirkungs-Frage gehört zu den philosophischen Grundfragen und kann hier nicht entschieden werden.*[34] Sicher ist aber, dass „eindeutig definierbare" Ursachen von Wirkungen nur in Teilen der Naturwissenschaften auszumachen sind. So ist vor allem die Physik eine Wissenschaft, in der

---

[34] Die traditionelle Lösung dieser Fragestellung, nach der lediglich dem Menschen ein „freier Wille" zugestanden wird und der gesamten übrigen Natur Determiniertheit unterstellt wird, wird heute kaum noch vertreten. Zum einen kann die moderne Hirnforschung immer besser belegen, dass auch menschliches Verhalten sehr vorhersagbar ist. Zum anderen zeigen Untersuchungen mit Primaten, dass deren „freier Wille" sich im Wesentlichen nicht von dem des Menschen unterscheidet. Verschiedene Formen der Freiheit von Ereignissen - oft auch als „Ursachenlosigkeit", „Erstauslösung", „Emergenz" oder „Synergie" beschrieben - können natürlich ebenso außerhalb von Organismen (z. B. auf der Ebene der kleinsten Teilchen) angenommen werden. Einen unterhaltsamen Einstieg in die Thematik gibt bspw. T. Hondrich (1995). Wie frei sind wir? Das Determinismus-Problem. Stuttgart: Reclam

sich viele Ursache-Wirkungsverhältnisse schon seit Jahrhunderten bewähren. [35]
- Auch die Richtigkeit des Glaubens, dass alles Wissen mit Hilfe von Sprache eingefangen werden kann, scheint auf den ersten Blick plausibel. *Sprache ist das Instrument, dem wir heute am allermeisten vertrauen. Aber zwischen Gesprochenem und Gemeintem, zwischen Theorie und Praxis, Dichtung und Wahrheit liegen immer noch Welten.*[36] *Auch die*

---

[35] Und selbst hier ist die Determinismusfrage keineswegs entschieden. Während Anfang des letzten Jahrhunderts die Theorie der Quantenmechanik hinsichtlich dieser Thematik für Unruhe sorgte, so stellt man heute in Frage, dass die sog. Naturkonstanten unveränderlich sind. Wenn beispielsweise die kleinsten Materieteilchen nicht zu allen Zeiten die gleiche Masse hatten, wenn also hierauf fußende physikalische Formeln nicht mehr greifen könnten, so wäre es auch um heute gültige „Naturgesetze" geschehen...

[36] Westliche Philosophen neigten und neigen auch heute noch dazu, die paradoxe Dualität, die Theorie und Praxis, Sprache und Wirklichkeit, beschreibt, zu Gunsten der Seite der „Theorie und Sprache" aufzulösen. Die zu Grunde liegende Paradoxie wurde damit nicht nur immer wieder neu vertextet, sondern für die jeweiligen Zeitgenossen auch weitgehend „unsichtbar" gemacht. Dieses Unsichtbarmachen, die „Invisibilation" paradoxer Konstruktionen, gilt manchen westlichen Philosophen gar als Gütekriterium einer Theorie. Im Buddhismus dagegen heißt es: „Der Buddha zögerte, das Dharma zu lehren, wissend, wie schwer seine Tiefe zu erahnen ist." Sprache wird hier radikal z.B. in Form von Koans dekonstruiert. Entscheidend ist dabei, die Paradoxie offen zu Tage treten zu lassen und die paradoxe „Leerheit" den Schülern auch ganz praktisch und körperlich erfahrbar zu machen. Im folgenden Dialog zwischen Meister und Schüler wird so in Form „paradoxer Handgreiflichkeiten" vor dem sprachlich Erfassbaren und Wahrnehmbaren gewarnt:
„Shih-kung: Kannst Du Leerheit greifen?
Hsi-t`ang: Ja.
Shih-kung: Wie machst du das?
Hsi-t`ang schloss seine Hände um den leeren Raum zwischen ihnen.
Shih-kung : Du weißt ja gar nicht, wie man Leerheit greifen kann.
Hsi-t`ang: Wie machst Du es denn?
Shih-kung packte Hsi-t`ang an der Nase und zog an ihr.
Hsi-t`ang: Au! Du reißt mir ja die Nase ab!
Shih-kung: Das ist die einzige Möglichkeit, wie man Leerheit greifen kann."
Beide Zitate nach S. Batchelor (2002). Nagarjuna – Verse aus der Mitte. Eine buddhistische Vision des Lebens. Himberg: Theseus, S. 36 und S.55

zwei Zeichen der Computersprache, die 1 und die 0, beschreiben ein paradoxes Dilemma.[37] *Sprache scheint damit eine Art doppelbödige Sollbruchstelle zu haben, die das darin eingefangene Wissen im Ablauf der Zeit unbrauchbar macht. Viele Philosophen waren deshalb der Meinung, dass das „entscheidende" Wissen nur zugänglich ist in einer besonderen Form der „Erfahrung"*[38]*, die diese Bruchstelle auf einer nichtsprachlichen Ebene überwindet.*

- Die Zerlegung eines Ganzen in seine Teile kann neue Perspektiven eröffnen. Mit etwas Glück können hierdurch Ursache-Wirkungs-Mechanismen gefunden werden. In Kapitel II, Abs. 4.3. haben wir aber auch die Problematik eines solchen Vorgehens gesehen: die Anzahl der Fehlermöglichkeiten steigt mit jedem Differenzierungsschritt. Fehler entstehen, wenn Elemente falsch beschrieben und gewichtet werden, wenn wechselseitige Abhängigkeiten übersehen werden und gar nicht selten, wenn bewusste Manipulationen hinzukommen. Ursache-Wirkungsmechanismen sind in einem Differenzierungsprozess nur solange Ursache-Wirkungsmechanismen bis sie durch die Entdeckung neuer, anderer Ursache-Wirkungsmechanismen abgelöst werden.

In der Wissenschaftstheorie wurden aber nicht nur die Probleme des klassisch-analytischen Modells beschrieben. Ebenso entstanden neue Lösungen erkenntnistheoretischer Fragestellungen. Mit Hilfe von interpretativen Theorien sollte die Begrenztheit von Sprache nicht nur verdeutlicht,

---

[37] Schon Leibniz, der Vater des binären Zahlensystems, rang mit dieser Paradoxie und versuchte sie mit seiner „Monadologie" unter dem Leitparadigma einer absoluten „Einheit" zu lösen.

[38] Auch für D. R. Hofstadter ist es nicht erst das dualistische Denken in Worten, das einer solchen Erfahrung entgegensteht. sondern die hiervor stehende Problematik der Wahrnehmung: „Sobald man ein Objekt wahrnimmt, zieht man einen Strich zwischen diesem Objekt und der übrigen Welt: Man spaltet die Welt künstlich in Teile, und verfehlt so den Weg." D. R. Hofstadter (2003). Gödel, Escher, Bach - ein endlos geflochtenes Band. München DTV, S. 271

sondern auch besser gehandhabt werden. „Freiheit" und „Ursachenlosigkeit" wurden in Systemtheorien z. B. als „Emergenz" und „Offenheit" auf neue Weise konzipiert. Auch in „Chaostheorien" und Konzepten zu „Nichtlinearität" und „Synergie" erschienen die Ursache-Wirkungsfrage und die Frage nach dem Verhältnis von Teil und Ganzem unter neuen Perspektiven.[39] Im QM werden demgegenüber erkenntnistheoretische Fragestellungen fast vollständig ausgeblendet. Aber auch die klassisch-analytische Vorgehensweise wird hier wenig ernst genommen. So gelten im QM sprachliche Unwägbarkeiten weniger als zu bearbeitendes Problem, sondern als Möglichkeit, den Bedeutungsgehalt zentraler Begriffe zu verzerren und umzudeuten. Die Begriffe „Qualität", „Wert", „Kundenorientierung" und „Nachhaltigkeit" wurden so ganz bewusst manipuliert und dabei ad absurdum geführt.

Auch mit der Ursache-Wirkungsthematik wird im QM auf ähnliche Weise verfahren. Ursache-Wirkungs-Verhältnisse werden in der organisationswissenschaftlichen Literatur allesamt nur in einem eingeschränkten Gültigkeitsrahmen beschrieben. Im QM ist diese Rahmenbedingung der Kontextabhängigkeit aber weniger Anlass für ein genaues Hinschauen und Überprüfen, sondern sie wird vielmehr als Möglichkeit genutzt, beliebige Entscheidungen auch beliebig zu begründen. Dennoch werden andererseits Ursache-Wirkungsverhältnisse im QM gern in Form einer Kennzahlrationalität beschrieben. Wenn bestimmte „Ursachen-Werte" erreicht werden, dann sollen danach auch vorab festgelegte

---

[39] In diesem Zusammenhang ist besonders die Systemtheorie von Niklas Luhmann zu nennen, die auch Einfluss über die engeren Grenzen der Philosophie auf andere Fachgebiete (bspw. auch auf die Managementtheorie) hatte. Im festen Glauben an die Plausibilität des Differenzierens entwickelte Luhmann seine Systemtheorie, die oft auch als „Differenztheorie" bezeichnet wird. Im Fortschreiten seiner Arbeit stieß Luhmann an die Grenzen dieses Glaubens und vollzog daraufhin einen „Paradigmenwechsel" (eine „autopoietische" Wende), der dann die „Einheit" bzw. die „paradoxe Ununterscheidbarkeit" zentraler Konzepte in den Vordergrund rücken ließ.

"Wirkungs-Werte" eintreten. Eine beliebige Beliebigkeit wird so auf ganz eigene Weise mit Rechenoperationen verknüpft (vgl. Kap. III, Abs. 2).

„Berechnungen" auf einer solchen Grundlage haben natürlich Folgen: Wenn Schüler in Pisavergleichstests besser abschneiden als zwei Jahre zuvor, kann deshalb nicht gleichzeitig erwartet werden, dass sie wirklich klüger geworden sind. Waren und Produkte können sich in ihrer Qualität massiv verschlechtern und dennoch beste Punktwerte erreichen. Auch in der heutigen Finanzkrise muss immer wieder die Erfahrung gemacht werden, dass erste Ratingplätze wenig über die tatsächliche Gesundheit von Banken und Unternehmen aussagen.

Immer wenn ein Ganzes in seine Teile zerlegt wird, geht Wissen verloren (vgl. Kap. II, Abs. 4). In der Wissenschaft wird diese Problematik dadurch reduziert, dass neues Wissen in der Praxis sorgfältig überprüft und durch vorhandenes Wissen gestützt wird. Im QM scheint das niemand nötig zu haben. Wichtig ist hier weniger das stetige und sorgfältige Überprüfen der Zerlegungsmuster, sondern die ununerbrochene Herstellung von Zerteilungen.

Der eindimensionale Umgang mit Komplexität fordert so im QM einen hohen Preis: Die Möglichkeiten bewährtes Wissen zu zerstören sind nicht nur unendlich. Im QM kann erwartet werden, dass sich Fehler und Wissensverlust auch realisieren. Fehler wären ein weit geringeres Problem, wenn es wenigstens gelingen würde, das tatsächlich Wichtige in den ausdifferenzierten Prozessen festzuhalten. Das Messproblem II verdeutlicht, dass bei komplexen sozialen Prozessen sich gerade das Wichtigste dem Zugriff entzieht. Es ist oft nicht explizit zugänglich, sondern Teil des impliziten Wissens, des Instinkt, des Gefühls für das Richtige. Je mehr wir versuchen, es ans Tageslicht zu zerren, je mehr Daten wir dazu in den Händen halten, desto mehr wird es in diesem Prozess unwiederbringlich zerstört. Am Ende haben wir in komplexen QM-Prozessbeschreibungen Ganzheiten in solche kleinen Teile zerlegt, die mit der Ganzheit nicht mehr viel zu tun haben, die zu wenig Gültigkeit und auch zu wenige richtige Aussagen (vgl. Messproblem III) beinhalten. Was da am Ende in den kleinen Teilen steckt, in die die Prozesse zerlegt wurden, sind vor allem kleine Teile. Kleine Teile, die dann wie in der Geschichte vom Zauberlehrling ein Eigenleben beginnen, das im QM nicht einfach ignoriert werden kann, sondern das an die Stelle „alten Wissens" gesetzt werden muss.

Unwichtiges wird so immer wichtiger. Falsches bekommt so einen Platz von Rang und Ehren. „Das was zählt" wird in den Hintergrund verbannt. Einem späteren Auffinden des Wichtigen steht die darum herum geschaffene künstliche Komplexität entgegen. Heute verwalten Firmen oft ein Intranet, das mehrere tausend, ja hunderttausend Seiten umfasst und gerade deshalb wird kaum ein Mitarbeiter in der Lage sein, hier noch relevante Informationen zu finden.

Wenn das wirklich Wichtige nicht mehr aufzufinden ist, ist der Ruf nach einem „Wissensmanagement" nicht weit. Der Verselbstständigungsprozess einer immer weiter zunehmenden Komplexität vermeintlichen Wissens ist dadurch jedoch nicht zu durchbrechen. Auch im Rahmen von Wissensmanagementprozessen wird die künstliche Komplexität nochmals erhöht. Heutige „Wissensmanager" sind schließlich in aller Regel keine philosophisch Gelehrten, sondern Menschen, die die oben genannten Glaubenssätze fest verinnerlicht haben. Mit Benzin kann ein Feuer aber nicht gelöscht werden.

2.5. Wissensverlust durch das Festhalten an bestehenden Fehleinschätzungen

Der Preis für den eindimensionalen Umgang mit Komplexität im QM besteht nicht nur im Verlust des Wesentlichen und wirklich Wichtigem. Die in den Prozessen geschaffene künstliche Komplexität beinhaltet Unwahrheiten und Missverständnisse, also Fehleinschätzungen jeglicher Art. Wie kann erklärt werden, dass diese Fehleinschätzungen so hartnäckig bestehen bleiben, dass sie ihr Eigenleben auch dann weiterführen, wenn sie sich schon lange als falsch erwiesen haben? Auch diese Frage kann am besten beantwortet werden mit dem Blick auf Parallelen des QM mit einem wissenschaftlichen Denkmodell. So besagt der „kritische Rationalismus": Es gibt zwar keine wahre Wahrheit, aber es gibt wahre Nichtwahrheiten – wahre „Falsifikationen" eben.[40] Nun könnte man darauf verweisen, dass solche Glaubenssätze seit den Anfängen der Philosophie in einer Fülle von Bildern in Frage gestellt wurden. Sokrates Ausspruch „Ich weiß, dass ich nichts weiß" zeugt davon ebenso wie Nietzsches Verweis auf die Paradoxiehaltigkeit der Thematik: „Es gibt keine Wahrheit. Und auch das ist keine Wahrheit". Auch der Begründer des kritischen Rationalismus Karl Popper (der Vater des obigen Falsifikationsbegriffs) war der Meinung, dass Wissenschaften keinen direkten Zugang zu einem „wahren Wissen" haben. Er wollte aber dennoch arbeiten mit dem Gefühl, dass nicht all sein Forschen umsonst ist. Seine heute vor allem von den Erfahrungswissenschaftlern (den Empirikern) genutzte Wissenschaftstheorie verspricht also, zwar nicht die Wahrheit, aber immerhin die Nichtwahrheit sicher bestimmen zu können. Die mit diesem Versprechen verbundene Widersprüchlichkeit hat Popper so gut in seiner Theorie versteckt (und damit „unsichtbar" gemacht), dass viele Forscher glauben, dass es diese Widersprüchlichkeit gar nicht gibt. Wenn also heute in der medizinischen, der psychologischen und biologischen Forschung neue Erkenntnisse veröffentlicht, gelobt und mit Nobelpreisen gesiegelt werden, sieht kaum noch jemand den Wurm, der in all diesen neuen Forschungsergebnissen steckt (und

---

[40] Die Annahme beispielsweise, dass alle Schwäne weiß sind, gilt so lange als vorläufig bewährt, bis sie durch das Auftauchen eines einzigen schwarzen Schwans „falsifiziert" wird. Zur Problematik der Konstruktionen von „vorläufiger Bewährung" und von „Falsifikationen" vgl. B. Warzecha (2004): Organisationale Planungstheorie. Wiesbaden: Deutscher Universitätsverlag, S. 61ff.

der mit den Jahren meist größer und größer wird).[41] Auch im QM ist der Glaube an die Richtigkeit und Wahrheit der in den Prozessbeschreibungen steckenden Aussagen ein wichtiger Grund in Zukunft an ihnen festzuhalten.

Der kleine Exkurs in den kritischen Rationalismus erklärt aber nicht nur einen Teil des Beharrungsvermögens einmal gewonnener Erkenntnisse. Mit Hilfe solcher Modelle war es den empirischen fundierten Wissenschaften möglich, in die Massenproduktion neuer Erkenntnisse einzutreten. So war Popper außerdem der Meinung, dass sich die „wahren" Falsifikationen, die „wahren Nichtwahrheiten", an der Wirklichkeit beweisen sollten. Er konnte nicht vorhersehen, dass auch die „Wirklichkeit" recht schnell unwirklich werden kann: Mit Hilfe von vormanipulierten Versuchsobjekten, mit gelenkten Randbedingung kann auch die „wissenschaftliche Wirklichkeit" heute ganz beliebig hergestellt werden. Und sollten die Ergebnisse dennoch nicht den Erwartungen entsprechen, sind großzügige Mogeleien durchaus üblich. Nach einer Umfrage des US-Fachblattes „Nature" im Jahr 2005 gaben rund ein Drittel aller Forscher zu, ihre wissenschaftliche Arbeit bei Bedarf zu schönen.[42] Und so flutet immer mehr „Wissen" nicht nur in die Fachmedien, sondern auch in Betriebe und Krankenhäuser, in Verwaltungen und Universitäten. Mit Hilfe von QM-Maßnahmen soll dieses „Wissen" dann festgehalten und bewahrt werden.

Dass Fehleinschätzungen, denen einmal der Titel „wissenschaftliche Erkenntnis" oder aber im QM der Titel „allgemein anerkannter Standard" zuerkannt wurde, nicht so einfach korrigiert werden können, leuchtet ein. Dass Fehl-

---

[41] Nassim Nicholas Taleb beschreibt anhand vieler Beispiele das oft exponentielle Wachstum solcher Würmer, die nicht nur den „weißen Schwänen" der kritischen Rationalisten zu schaffen machen. Vgl. N. N. Taleb (2007). Der schwarze Schwan. Die Macht höchst unwahrscheinlicher Ereignisse. München: Hanser

[42] Vgl. Nature 06/2005, Bd. 435, S.737ff.
Im Onlinelexikon „Wikipedia" findet sich unter dem Stichwort „Betrug und Fälschung in der Wissenschaft" eine kleine Auswahl an Beispielen, die an die Öffentlichkeit gelangten.

einschätzungen in dem Meer „neuer Erkenntnisse" – manche Wissenschaftler glauben ja, dass sich dass Wissen der Menschheit in den letzten Jahren vervielfacht hätte – nicht mehr bemerkt werden, ist ebenfalls verständlich.

Und dennoch fehlt noch der letzte Baustein für das Verständnis der Problematik, weshalb auch dann noch die Richtigkeit von Wissen und Standards angenommen wird, wenn in der Praxis schon längst das Gegenteil erfahren wurde. In Kapitel III, Abs. 3 wurde dieser Baustein beschrieben. Der Kreislauf des Wissens verdeutlicht, wie sich einmal anerkanntes Wissen, ob brauchbar oder eindeutiger Fehlschluss, selbst erhält. Durch stetige **Wiederholung**, durch **scheinbare Bewährung** in der Praxis und durch den **paradoxen Ausschluss von Alternativen** wird das dauerhafte Überleben von Fehlschlüssen gesichert.

Der Gedanke, dass die Erde eine Scheibe ist, wurde über die Jahrhunderte **wiederholt**, er hatte sich **scheinbar bewährt** (wenn man aufpasste, fiel schließlich kein Schiff von der Scheibe herunter) und erfolgreich **paradox gegen Alternativen durchgesetzt** (wäre die Erde eine Planeten-Kugel im All, wäre nicht mehr gesichert, dass sich alle anderen Planeten um sie herum drehen. Das kann aber allein deshalb nicht sein, weil der Mensch im Zentrum der Schöpfung steht...) Auch im QM werden anerkannte Fehlschlüsse durch Wiederholung, Scheinbewährung und Ausschluss von Alternativen in Ehren gehalten und damit auf kunstvolle Weise als „Standard" oder als „Norm" bewahrt.

So wird bspw. in QM-gemanagten Kliniken und Krankenkassen auch an problematischen Behandlungsmethoden festgehalten. In der Medizin, der Pharmakologie und viel einfacher noch in der psychiatrischen Medizin und der Psychologie kann heute mit Hilfe etlicher Versuchskaninchen und –menschen (an 4.000 Probanden wurde festgestellt...) fast alles „bewiesen" werden.[43] Am Leben bleiben viele

---

[43] Vgl. z.B. J. Paulus: Für dumm verkauft. Ein Stuttgarter Institut für Psychologie macht seit Jahrzehnten Schlagzeilen mit pseudowissen-

dieser Lehrsätze durch Verbreitung in den Medien, eben durch stetige **Wiederholung**. Sie werden über die Jahre zur Grundlage von Patienten- und Klientenbetreuungen und im QM eben zu „Standards", die sich um so tiefer in alle Klinikabläufe eingraben, je mehr sie in ausdifferenzierten Verfahren nicht nur immer wieder neu erarbeitet, sondern auch vorgeschrieben und überprüft (evaluiert) werden. Auch wenn längst viel überzeugender das Gegenteil bewiesen wurde, hält man an den Fehlschlüssen fest. Schließlich sind viele Kranke trotz dieser Behandlungsmaßnahmen wieder gesund geworden (**Bewährung**). So werden heute Menschen mit Erkältungserkrankungen, Mittelohr- und Mandelentzündungen nach wie vor gern mit Antibiotika behandelt, obwohl der Nutzen dieser Behandlungen in den letzten Jahren stark in Zweifel gezogen und gleichzeitig der angerichtete Schaden immer besser belegt wurde. Ähnliches gilt für Behandlungen mit Hormonen, mit Schmerzmitteln, mit Psychopharmaka, mit Genen, mit Kortikoiden und Chelaten… Auch etliche operative Verfahren am Bewegungsapparat, die aufgrund neuer Forschungsergebnisse als überflüssig bzw. gesundheitsschädigend eingeschätzt werden, werden davon gänzlich unbeeindruckt weiter durchgeführt. Wenn es wirklich besser wäre, bewährte Behandlungen dieser Art genauer zu betrachten, müssten vielleicht am Ende noch weitere lieb gewonnenen Verfahren, ja vielleicht sogar der ganze Glaube an die Macht dieser Erfahrungswissenschaften über Krankheiten und Störungen aufgegeben werden. Wer will diese Macht aber angesichts der vielen Bewährungsbeispiele ernsthaft in Frage stellen (**paradoxer Ausschluss von Alternativen**)?

In der Praxis haben wissenschaftlich bestätigte Fehleinschätzungen also ein langes Beharrungsvermögen. Um wie viel einfacher ist es, in QM-Prozessen an den beliebigen, wissenschaftlich nicht überprüfbaren Annahmen, die in sie eingehen, auf diese paradoxe Weise festzuhalten. Auch der

---

schaftlichen Studien. Den Auftraggebern ist das egal. In: Zeit Wissen 4, Juni/Juli 2008, S. 80-82

verbreitete Glaube, dass Qualitätsmanagement die Qualität von Prozessen und Produkten verbessert, wurde so bestätigt.

Die Konzepte des QM wurden über die Jahre **wiederholt** und haben sich **scheinbar bewährt** (schließlich zeigen die Werte der Kennzahlen an, dass Ziele erreicht werden). Der **paradoxe Ausschluss von Alternativen** erfolgt schließlich in diesem Zirkelschluss:
„Qualität und die Verbesserung von Qualität kann nur festgestellt werden, wenn sie gemessen wird. Qualität kann nur gemessen werden, indem die Übereinstimmung mit bestimmten Anforderungen überprüft (verglichen) wird. Die Übereinstimmung mit den Anforderungen ist deshalb Qualität bzw. Qualitätsverbesserung."

Qualität kann danach nur mit Hilfe von Vergleichen ermittelt werden und wenn Vergleiche angestellt werden, ist das Qualität. Der Vergleich (das Überprüfen) mit den beliebig inhaltlich zu füllenden Anforderungen im QM macht „Qualität" aber nicht messbar. Eine im QM nicht gegebene Voraussetzung für sinnvolle Qualitätsmessungen wäre, dass diese Anforderungen allgemein akzeptierten Qualitätsmerkmalen und damit allgemeinen Wertvorstellungen entsprächen. Ein solches allgemeines Qualitätsverständnis, welches z.B. den Produktvergleichen von renommierten Warentestorganisationen[44] zu Grunde liegt, ist im QM weder gegeben, noch wird es erwünscht und angestrebt.

2.6. Wissensverlust durch den Glauben an Beherrschbarkeit

Wissen geht verloren in prozessualen Ausdifferenzierungen, denen der Sinn fehlt. Wissen geht verloren, indem an diesen sinnlosen Prozessen festgehalten wird. Wissen verschwindet

---

[44] Das Messproblem II wird hier durch eine solche Orientierung an allgemeinen Wertvorstellungen zwar nicht ausgeschlossen (vgl. Kap. IV, Abs. 3.6), aber dennoch erheblich reduziert.

so gleichermaßen durch Fortschritt und Stillstand, durch Bewegung und Innehalten, durch Veränderung und Nichtveränderung. Wissen ist nicht einfangbar in weniger als 30 Buchstaben, die in der Computersprache sogar auf zwei Zeichen, auf ja und nein, auf 1 und 0, auf Strom fließt und Strom fließt nicht, reduziert werden können. Sein oder nicht sein – am Ende bleibt nichts weiter als ein paradoxes Dilemma. Wissen erscheint und verschwindet wie ein Spinnennetz, das sich dem Zugriff entzieht, es ist immer Wirklichkeit und Illusion zugleich.

In der Philosophie und in der Religion wurden für die Verschmelzung der Gegensätze, für die „Lösung" dieser paradox erscheinenden Bilder verschiedene Orte gesucht. In den Menschen selbst wurde ein solcher Ort häufig beschrieben. Wissen ist an seine Träger gebunden und mit ihnen an ihre Zeit und ihre Umstände. Worte werden nur durch den Sinn, welche ihnen Menschen geben, zu Wissen[45]. Es ist deshalb nutzlos wie im QM, abstraktes Wissen zu sammeln und zu horten und im Glauben an den Gewinn von Macht und Herrschaft zu konservieren.

Der „menschliche Faktor" soll im QM – trotz aller gegenteiligen Bekundungen – eine neue, unbedeutende Rolle erhalten. In den gespeicherten QM-Handbüchern soll Wissen aufbewahrt werden, das unabhängig ist von dem Sinn, den ihm seine Träger gaben. Austauschbarkeit und Beherrschbarkeit – bei einfach strukturierten Aufgaben scheint das zu funktionieren. Komplexität ist so nicht zu managen. Im Prozess des Umganges mit Wissen ist der Mensch immer mehr als ein passiver Faktor, ist immer selbst Gestalter, Entwickler oder auch Zerstörer… Den ausdifferenzierten Prozessbeschreibungen im QM mag ihre Qualität verloren gegangen

---

[45] Auch der oben genannte Wissenschaftstheoretiker Karl Popper war dieser Überzeugung. Denn seine „Falsifikationen" sollen ihre abschließende fachliche Gültigkeit nicht etwa durch weiteres Experimentieren, sondern durch „Übereinkünfte" der Menschen erhalten, die der jeweiligen wissenschaftlichen Fachgemeinschaft angehören. „Schluss-Folgerungen" einer ernstzunehmenden Wissenschaft sind damit für Popper – trotz seines Falsifikationspostulates - immer Ergebnis sozialer Prozesse.

sein, sie bieten aber Raum für sprachliche Umgestaltung, für Manipulationen und Beeinflussungen jeder Art. Der menschliche Faktor bleibt so unberechenbar und nicht ausschaltbar.

Der Versuch mit Hilfe überdifferenzierter Prozessbeschreibungen Mitarbeiter, Zulieferer und Kunden berechenbar und damit beherrschbar zu machen, ist so von Anfang an zum Scheitern verurteilt. QM-hörige Unternehmen verzichten auf das implizite Wissen der Akteure. Die Zurückweisung dieses „entscheidenden" Wissens muss bezahlt werden mit immer schlechterer Produktqualität, mit sinnentleerten Managementprozeduren und schließlich mit Unternehmensverlusten.

3. Wie Qualitätsmanagement die Qualität von Produkten und Dienstleistungen verschlechtert

3.1. Sinkende Produktqualität als Folge der Mess-, Prozess- und Nullfehlerproblematik

Die stetig wachsende Zahl von Qualitätssiegeln, von Prüfaufklebern und Markenzeichen könnte als ein Hinweis darauf verstanden werden, dass heutige Produkte und Dienstleistungen immer besser geworden sind. Kaum ein Produkt lässt sich sehen ohne eine Plakette mit dem Ruf: „Hier steckt sorgsam gemessene Qualität drin!" Aber sind diese Rufe der Marketingexperten gerechtfertigt? Wenn im Qualitätsmanagement die Mitarbeiter demotiviert, wenn das Wissen immer weniger wird und der steuernde Einfluss des Managements auf ein bloßes Zahlenjonglieren reduziert wird, ist natürlich auch die Produktqualität betroffen. Die Annahme, dass sich die Qualität von Produkten und Dienstleistungen durch diese Umstände verbessert, erscheint dabei recht vermessen.

Doch stellt sich zunächst die Frage, ob die Verbesserung der Produktqualität überhaupt ein relevantes Ziel des Qualitätsmanagements ist. Schließlich wurde bereits gezeigt, dass schon der Begriff „Qualität" im QM nicht mit einem allgemeinen Qualitätsverständnis verwechselt werden darf. Für das Erreichen der Qualitätsziele gilt ähnliches. Qualitätsziele beziehen sich im QM vor allem auf finanzielle Gewinnmöglichkeiten, die sich durch entsprechende Veränderungen und Einsparungen in den Organisationsabläufen realisieren sollen. Die Qualität der Produkte *kann* sich durch diese Prozesse zwar auch verbessern, dies ist aber im Allgemeinen kein ausdrücklich angestrebtes Ziel.

In den einflussreichsten QM-Systemen gehört aber statt der Verbesserung der Produktqualität die Messbarkeit der gesetzten Ziele zu den ausdrücklichen „Qualitätszielen". Nur das, was innerhalb sehr kurzer Zeiträume – möglichst täglich oder wöchentlich – auszählbar und messbar ist, hat auch Gewicht. Messbarkeit ist aber eine problematische Angelegenheit. Die Messprobleme I bis III führen zu Produkten, denen Wichtiges oder gar das Wichtigste fehlt und die darüber hinaus mit Fehlern behaftet sind. Die Prozessproblematik sorgt dann dafür, dass die so verschlechterte Produktqualität innerhalb der Organisation niemandem auffällt. Denn in sorgfältig ausdifferenzierten Herstellungs- und Arbeitsprozessen wird auch die Verantwortung für das Endergebnis in fast unsichtbar kleine Portionen zerlegt. Endkontrollen können immer nur wenige Aspekte nachmessen. In komplexen Prozessen wie beispielsweise Verwaltungstätigkeiten, Lehrtätigkeiten und im Bereich aller weiteren Dienstleistungen ist eine solche Kontrolle noch weniger aussagekräftig.

Schließlich sorgt am Ende die Nullfehlerproblematik dafür, dass wirklich fast alle Fehler, die in die Produkte eingebaut wurden, dauerhaft in Waren und Dienstleistungen verbleiben. Indem sich auf Vorgaben fest verpflichtet wird, die zu einem bestimmten Zeitpunkt und unter bestimmten Umständen sinnvoll waren, wird die Gelegenheit verschenkt, problemlose Anpassungen an neue Umstände zu vollziehen und Fehler auf einfache Weise zu beheben. „Kundenorientierung", ein beliebtes Schlagwort im Qualitätsmanagement, wird so auf eine ganz eigene Art und Weise interpretiert und umgesetzt. Ähnlich wie der Begriff der „Qualität" selbst beinhaltet auch die QM-Neudefinition der „Kundenorientierung" so ziemlich genau das Gegenteil dessen, was sich Endverbraucher erhoffen. Die folgenden Beispiele verdeutlichen nur einen kleinen Ausschnitt der Möglichkeiten im QM die Produktqualität nachhaltig und auf Dauer zu verschlechtern.

3.2. Sinkende Qualität durch Messungen

Natürlich sinkt die Arbeitsqualität, wenn derjenige der die Arbeit erbringen soll, mit etwas ganz anderem beschäftigt ist. Wenn ein Zugführer die Bahnhöfe und Bäume zählt, an denen er vorbeifährt, wird er weniger darauf achten, die Geschwindigkeit seines Zuges der Strecke und dem Fahrplan anzupassen. Wenn ein Bäcker immer nachzählt, wie viele verschiedene Brötchen er schon gebacken hat, wird er weniger darauf achten können, dass z. B. die Zutatenverhältnisse und die Temperatureinstellungen immer stimmen. Meist entstehen aus solchen kleinen Ablenkungen in Arbeitsprozessen aber keine großen Probleme. Ganz anders ist die Situation aber im QM. Hier werden die Mitarbeiter auf eine Unzahl solcher arbeitsprozessfremder Tätigkeiten verbindlich verpflichtet. Das Messen und Zählen ihrer Arbeitshandlungen wird damit ebenso wichtig wie diese Arbeitshandlungen selbst. Im ersten Abschnitt dieses Kapitels wurde schon beschrieben, dass Mediziner als Grund für Auswanderungen nicht etwa allgemeine Arbeitsüberlastung und schlechte Bezahlung, sondern eben diese ewigen Zählungen und Dokumentierungen angeben. Für Pflegedienstmitarbeiter sieht die Situation noch problematischer aus.

Beispiel: Pflegedienstleistungen
In der Pflege müssen schon seit Jahren Qualitätseinbußen durch Qualitätsmanagementmaßnahmen hingenommen werden. Leidtragende sind neben den pflegebedürftigen alten und behinderten Menschen auch die Pflegekräfte. Der Aufwand für Dokumentationen umfasst heute einen Großteil der Zeit, die eigentlich für die Pflege genutzt werden sollte. Da müssen Pflegekräfte nicht nur genaue Einschätzungen des Pflegebedarfs erbringen, sie werden darüber hinaus auf Pflegeziele verpflichtet, die mit Hilfe eines ebenfalls sorgfältig differenzierten Bündels von Maßnahmen erreicht werden sollen. Neben allgemeinen Pflegedokumentationspflichten in diesem Zusammenhang sollen weiter alle zusätzlich not-

wendigen Tätigkeiten, die im Ablauf der Betreuung hinzukommen, genau dokumentiert werden, um später ebenfalls als Grundlage für die weitere Pflegeplanung zu dienen. Eine Schwester kann so angehalten sein, allein für eine Patientin 10 bis 20 Formulare mit jeweils bis zu 200 Kriterien zu führen. Nach Schätzung von Pflegeeinrichtungen benötigt eine Pflegekraft also wenigstens 1 ½ Stunden ihrer täglichen Arbeitszeit für Dokumentationsaufgaben. Den Pflegbedürftigen wird aber nicht nur fast 20% ihrer Betreuungszeiten genommen. Sie werden auch entwürdigt durch die Auflistung der Erhebungskriterien selbst. Wenn bspw. angekreuzt werden soll, ob der Hilfebedürftige „wiederholend die gleichen Fragen stellt" (eine stressgeplagte Pflegerin wird übersehen, dass sie nicht immer antwortet), ob er „flucht" (wer wollte ihm das unter diesen Umständen übelnehmen?) oder gar „reklamationsbereit" ist (den sollte der Pflegedienst im Auge behalten!) geraten offensichtlich datenschutzrechtliche Grenzen völlig aus dem Blickfeld.

Nun könnte man meinen, die so sorgfältig differenziert erhobenen Datenmengen würden die Pflegesituation der Betroffenen verbessern. Schließlich scheinen Probleme ja besonders gut lösbar zu sein, wenn erst einmal ganz genau, im kleinsten Detail eben, bekannt ist, wie sie aussehen. Dennoch trifft diese Vermutung hier ins Leere. Es ist ein offenes Geheimnis, dass in der Pflege die Reduktion von Personal und Personalqualifikation an der Tagesordnung sind. Auch der Köder, der für das Pflegepersonal in der Einführungszeit von QM-Maßnahmen ausgeworfen wurde: „Erst wenn alles sorgfältig dokumentiert wird, sieht man richtig, was Sie alles leisten, welche Qualität ihre Arbeit hat, welche Kompetenz sie erfordert!", liegt den (immer schlechter bezahlten) Betroffenen noch heute schwer im Magen.

Die Pflegedokumentationen dienen viel weniger den Patienten und den Pflegerinnen als einem anderen, eigenen Zweck. Ähnlich wie im gesamten Bereich der medizinischen Versorgung geht es heute zu allererst um eine rechtliche Absicherung. Denn wenn sich schon das Risiko fehler- und mangelhafter Pflegeleistungen durch die Rahmenbedingungen massiv erhöht, dann sollte wenigstens niemand dafür haftbar gemacht werden können. Ein Angehöriger könnte ja nachfragen, weshalb die Großmutter trotz bekannter Anfälligkeit für das Durchliegen nicht sorgfältig gebettet wurde. Ein paar Kreuze in den richtigen Formularen, die von entkräfteten Pflegekräften „durchgehakt" werden, sichern hier so vor manchen Unannehmlichkeiten. Aus „Dokumentationen" werden so „gerichtsfähige Dokumente"...

3.3. Sinkende Qualität durch fehlerhafte Messungen

Das Messproblem III verdeutlicht, auf welche Weise durch einfache falsche Messungen, durch die Messsituation selbst und schließlich durch die fehlerhafte Aufbereitung der so gesammelten Daten die Produktqualität sinken kann. Auf jeder Stufe eines Produktionsprozesses sind Fehlmessungen möglich. Da diese Falschmessungen Grundlage für die weitere Ver- und Bearbeitung sind, bestimmen sie die Qualität der Endprodukte maßgeblich mit. Herstellungsprozesse in der modernen Produktion sind heute hoch komplex. Die Fehlerhäufigkeit ist damit gestiegen. Vermehrte Warenrückrufaktionen, höhere Störanfälligkeiten technischer Geräte (Computer, Autos und Maschinen) und immer mehr Schadstoffbelastungen bei Gütern des täglichen Verbrauchs (Lebensmittel, Kleidung und Kosmetik) sind hier die Folge.

Insbesondere „Produkte", die ihrerseits komplex sind wie Dienstleistungen oder wie im folgenden Beispiel das „Wissen von Schülern" werden oft bereits im Prozess der Standardisierung falsch bewertet und mit unsinnigen Kennzahlen belegt. Die zusätzlichen Falschmessungen ergeben sich aus dem Umstand, dass hier überwiegend subjektive (nicht objektivierbare) Einschätzungen Grundlage der „Messung" sind. Für die Endkunden – Versicherungsnehmer, Bankkunden, Patienten und Schüler – geht heute so der mögliche Nutzen etlicher Dienstleistung in vieler Hinsicht verloren.

Im folgenden Beispiel, der Messung des Leistungsvermögens und des Wissens von Schülern, wird lediglich die „einfache Falschmessung" beschrieben. Die Beschreibung der Problematik könnte erweitert werden, wenn z.b. zusätzlich die anschließende Aufbereitung der Daten durch die Schulbehörden betrachtet werden würde.

Beispiel: Schülerbewertungen
Heute werden Lehrer verpflichtet, differenzierte Beurteilungsbögen, die weit über die bisherigen Notenkriterien hinausgehen, zu führen. Allein zum Arbeits- und Sozialverhalten werden in manchen Grundschulen 14 und mehr Kriterien, die ihrerseits in durchschnittlich 5 Unterkriterien differenziert werden, je Schüler erhoben. Hinzu kommen Leistungskriterien zu jedem einzelnen Unterrichtsfach. Nehmen wir für die folgende Berechnung 8 solcher Kriterien an. Je Schüler muss ein Fachlehrer mit zwei Fächern in einer Klasse also rund 90 Kriterien berücksichtigen. Bei 30 Schülern sind das also rund 2700 Bewertungen! bei nur zwei Unterrichtsfächern. Dabei wird erwartet, dass die Bewertungen stetig aktualisiert werden.

Das erste Problem solcher differenzierten Erhebungen sind natürlich die Erhebungskriterien selbst. Die Frage, welche Kriterien erhoben werden sollen und vor allem ihre jeweilige Gewichtung (Messproblem II) können Lehrerkollegien böse entzweien. Das zweite Problem betrifft die Fehlerhaftigkeit solcher „Erhebungen" (Messproblem III). Denn es ist offensichtlich, dass allein aufgrund der großen Anzahl der Schüler und den oft wenigen Stunden, die ein Lehrer pro Woche in einer Klasse verbringt, keine „richtige" Beurteilung erfolgen kann. Gerade stille Schüler geben sich meist nicht so preis, dass all die Kriterien auf den Lehrerbögen greifen. Bei ihnen können Lehrer oft nur raten. In die Beurteilungen werden am Ende also viele Fehler eingehen. Die Problematik von Schülerbewertungen wurde in etlichen wissenschaftlichen Untersuchungen zur Praxis der regulären Notengebung beschrieben. Beliebigkeit und Fehlerhaftigkeit ergeben sich danach außer aus den schon genannten Gründen auch aufgrund geschlechtsspezifischer und schichtspezifischer Vorurteile. Mit den neuen zusätzlichen Bewertungen wird diese Problematik potenziert.

Die „differenziert" erstellten Beurteilungen bleiben aber nicht nur auf den Lehrerlisten. Sie werden - allein um sich ihrer „Richtigkeit" zu versichern – diskutiert mit anderen Lehrkräften. Sie gehen in deren Beurteilungen ein und beginnen ein Eigenleben zu führen, welches schließlich wiederum Motivation bzw. in heutigen qualitätsgemanagten Schulen eher Demotivation der Schüler bewirkt. Schon lange ist bekannt, dass Schülerbewertungen schnell zu sich selbst erfüllenden Prophezeiungen werden. Sie sind damit nicht nur relevant für die Beurteilung der vergangenen Leistung, sondern sie legen gleichzeitig die Möglichkeiten der Schullaufbahn von Kindern für die Zukunft fest. Wie wirken sich die unvermeidbaren Fehlbeurteilungen damit am Ende auf das „Endprodukt", eben das Wissen und das Leistungsvermögen von Schülern aus? Insbesondere die durch sorgfältig differenzierte Fehlbeurteilungen als leistungsschwach bewerteten Schüler werden auch in der Zukunft eher schwächer Leistungen zeigen. Schade, dass auf diesem Hintergrund die Lehrerkapazitäten für das „Fördern und Fordern" immer mehr reduziert werden. Sie werden nicht nur dadurch eingeschränkt, dass die Lehrer mit dem stetigen Messen, Testen, Vergleichen und Dokumentieren fast vollständig beschäftigt sind. Während es früher Zusatzstunden für Fördermaßnahmen gab, sind diese heute aufgrund von Sparmaßnahmen (auch das QM muss finanziert werden) vielerorts weggefallen....

3.4. Sinkende Qualität der Produkte durch „ständige Verbesserung" der Prozesse

Mit Hilfe des QM sollen nicht die Produkte ständig verbessert werden, sondern die Prozesse, in denen diese Produkte hergestellt oder bereitgestellt werden. Prozessverbesserung ist dabei zuallererst die Reduktion der Prozesskosten. Wohl jeder hat die Folgen von solchen „ständigen Verbesserungen" bei Produkten und Dienstleistungen aller Art schon am eigenen Leibe erfahren.

Wenn beispielsweise Ingenieure wieder einmal den Verpackungsprozess „verbessert" haben, ist es beeindruckend zu sehen, wie hier selbst minimale Einsparungen in der Verpackung des einzelnen Produktes sich in Anbetracht der Herstellungsmengen zu stattlichen Beträgen summieren. Gleichzeitig erhöht sich aber für die Endkunden der Schwierigkeitsgrad nach dem Kauf an das Produkt auch tatsächlich heranzukommen. So können beispielsweise ohnehin schon stressgeplagte junge Eltern Windeln meist nur mit Hilfe von Schere, Nerven und viel Geduld aus ihrer Plastikhülle befreien. Auch Musik- und Filmliebhaber müssen vor dem Kunstgenuss erst einmal den Kampf mit Plastikumhüllungen und Haltevorrichtungen der Scheiben gewinnen. „Ständige Verbesserungen", die die Qualität von Produkten und Dienstleistungen verringern, werden natürlich auch durch alle anderen Einsparungen in den Herstellungsprozessen ermöglicht (die im Abschnitt 3.7. beschriebenen Grenzwertausnutzungen fallen ebenfalls hierunter).

Beispiel: Service von Telekommunikationsunternehmen
Jüngere Mitmenschen können es meist nicht glauben, dass es Zeiten gab, in denen Telefongesellschaften tatsächlich für ihre Kunden erreichbar waren. Heute ist es üblich, bei Problemen mit Telefon und Internet sogenannte Servicenummern anzuwählen, deren Wahl zunächst einen Sprachcomputer aktiviert. Der Kunde wird dann aufgefordert, sein Anliegen zu präzisieren: „als Neukunde drücken Sie die 1, für Informationen zu Ihrem Anschluss drücken Sie die 2, bei Fragen zu Ihrer Abrechnung drücken Sie die 3, bei technischen Fragen die 4 usw.". Was aber tun, wenn das eigene Anliegen nicht genau eingeordnet werden kann, wenn etwa ein Neukunde technische Fragen hat? Eine blitzschnelle Entscheidung – die sich wenige Minuten später meist als falsch herausstellt und bitter bereut wird - ist dann nötig.

Sollte nach dem Tastendrücken und dem früher ebenfalls nicht üblichen Ausharren in Warteschleifen dann doch noch das Ereignis einer Verbindung mit einem echten Menschen eintreten, ist der Ärger der meisten Kunden schon fast verraucht. Im Zustand verzweifelter Dankbarkeit versuchen sie sich des Anlasses ihres Anrufes, dessen Anfang ja meist schon einige Zeit und Gefühlswallungen zurückliegt, zu erinnern und mitarbeitergerecht zu formulieren. Nun gibt es theoretisch die Möglichkeit, dass der Callcentermitarbeiter die Frage beantworten kann. Die zweite, weit wahrscheinlichere Möglichkeit ist das Bedauern des Mitarbeiters und der Verweis, dass es aber einen Kollegen gibt, der für das Problem zuständig ist. Ehe der Kunde auf diese Feststellung antworten kann, wird er schon weiter verbunden. Natürlich nicht direkt, auch hier muss wieder geduldig in Warteschleifen ausgeharrt werden. Und da gerade das Weiterverbinden nicht so klappt wie in Callcentern gehofft, ist hier das Spiel oft endgültig zu Ende. Dann tönt entweder gleich das Abschiedspiepen aus der Leitung oder vorab noch einmal eine verbindliche Stimme, die sich für den Anruf gebührend bedankt, aber bedauernd feststellt, dass alle Plätze leider besetzt sind.

Man kann sich lebhaft vorstellen, wie die „Prozessoptimierung" in solchen Callcentern durch ständige Verbesserungen zustande kommt. Da werden erst die Kunden nach ihrem Status (Neukunde oder schon gemeldeter Kunde) und ihren möglichen Anliegen immer sorgfältiger differenziert. Anschließend werden ebenso die notwendigen Mitarbeiterqualifikationen zu diesen Anliegen festgelegt. Im QM kommt es ja darauf an, dass die Prozesse so optimiert sind, dass ein geringfügiger Beratungsbedarf nicht einem qualifizierten Mitarbeiter in die Hände fällt – schließlich kostet ein versierter Techniker dem Unternehmen viel mehr als ein kurz eingearbeiteter Jobber. Die Probleme entstehen dann daraus, dass zwar einerseits die Mitarbeiter in bester Differenzierung aufgestellt wurden, sich die Kunden aber nicht auf diese einfache Weise „ständig verbessern" lassen. Und so geraten auch weiterhin die Kunden mit geringem Beratungsbedarf an die hoch qualifizierten, leider aber die anspruchsvollen Kunden an die unwissenden Mitarbeiter. Durch das Versagen der technischen Weiterleitung, die dann schließlich alle Beteiligten gemeinsam trifft, können die so verbesserten Prozesse durch frühzeitige Beendigung manchmal doch noch zu einem dankbaren Schluss finden.

3.5. Sinkende Qualität durch die Ausnutzung von Grenzwerten

Zu dieser Variante der Qualitätsverschlechterung kommen wir noch einmal auf P.B. Crosby zurück, der unmissverständlich klarstellte, dass Qualität im QM nicht etwa „Güte oder Luxuriösität" bedeutet, sondern lediglich „die Übereinstimmung mit den Anforderungen." „Übereinstimmung mit den Anforderungen" bedeutet im QM, dass alles was nicht in den mit Hilfe von Kennzahlen operationalisierten Anforderungen steht, auch nicht geliefert wird. Die Vorgaben des Kennzahlwertes laden ein zu Manipulationen jeder Art. Nicht nur Mitarbeiter können so dazu beitragen, dass sich durch die vorrangige Bedienung der relevanten Kennzahlen die Qualität von Waren und Dienstleistungen verschlechtert. Meist ist es erklärtes Ziel QM-gemanagter Organisationen, jede „Verschwendung" auszumerzen. Verschwendung ist dabei nicht etwa die großzügige Verteilung von Zusatzleistungen. Als Verschwendung wird alles bezeichnet, was nicht dringend für notwendig erachtet wird, eben alles, was den vorgegebenen Kennzahlwerten nicht entspricht.

Wenn es beispielsweise nach der EG-Öko-Verordnung ausreicht, dass nur ein Teil der Futtermittel bei der Rinderaufzucht aus biologischem Anbau stammt, mögen überzeugte Biobauern dennoch vollständig biologisch füttern. Für die meisten Großproduzenten, die die Supermärkte heute mit Biofleisch bedienen, ist es aber Verschwendung 100% biologisches Futter zu verwenden. Schließlich ist konventionell produziertes Futter wesentlich preiswerter. Die Beachtung vieler solcher kleiner Grenzwertausnutzungen macht am Ende einen großen Teil des Gewinns aus. Die Problematik gilt natürlich ebenso für konventionelle Lebensmittel, bei denen gesetzliche Vorgaben eingehalten werden müssen. Sie wird verschärft, wenn beispielsweise durch „Mischung" kontaminierter und unbelasteter Nahrungsmittel die Grenzwerte „ausgenutzt" werden. Warentester beklagen immer wieder die Zunahme von Schadstoffen aller Art. Eine weitere kunstvolle Weise kennzahlgerecht die Produktqualität zu senken, besteht darin, Vorgabewerte durch den Gesetzgeber bzw. durch externe Qualitätsprüfer zwar einzuhalten, statt dessen aber problematische, kostenreduzierende Stoffe und Verfahren hinzuzufügen, die die Prüfer noch nicht auf ihrer Liste haben. So wurde festgestellt, dass die Belastung von Gemüse mit einzelnen (prüfrelevanten) Problemspritzmitteln zwar rückläufig ist, aber dennoch die Verwendung weiterer Chemikalien so zugenommen hat, dass die Gesamtbelastung gestiegen ist.

Auch im Dienstleistungsbereich kann mit der variablen Bedienung der Kennzahlen die Qualität beliebig gesenkt werden. So wird bspw. die Vergabe von Fördermitteln für Weiterbildungsmaßnahmen für Arbeitslose daran gebunden, dass der Träger über eine vorgegebene Anzahl von Lehrkräften mit festgelegten Mindestqualifikationen verfügt. Ein überregional tätiger Weiterbildungsträger verfährt dann diesen Vorgaben entsprechend. Er stellt für den Zeitpunkt der Mittelbeantragung entsprechende Fachkräfte ein – um sie nach der Bewilligung schnellstmöglich zu entlassen und durch preiswerteres Lehrpersonal zu ersetzen. Die tatsächliche Qualität des so qualitätsgemanagten Unterrichts ist nur den bedauernswerten Schülern und deren späteren Arbeitgebern ein offenes Geheimnis.

Die Ausnutzung von Grenzwerten gilt natürlich ebenso für die industrielle Fertigung. Auf diese Weise verschlechtert sich auch hier in QM-gemanagten Unternehmen die Produktqualität von technischen Geräten, von Fahrzeugen, von Gütern des täglichen Bedarfs jeglicher Art. Da wird an

Material, Verarbeitung, Gewährleistung und Service überall dort gespart, wo auch die Konkurrenz nichts Besseres bietet.

Und wenn erst einmal die Qualität dauerhaft durch Ausnutzung von Kennzahlwerten auf ein niedriges Niveau herabgezogen wurde, wird dieses Niveau im Ablauf der Zeit (in der alle vergessen haben, dass es auch besser geht) unweigerlich zum „Standard". Und von diesem Standard werden dann wiederum Toleranzgrenzen erlaubt, deren Ausnutzung ebenfalls nicht verschwendet werden darf. Ein Strudel nicht enden wollender Qualitätsverschlechterungen wird somit erzeugt.

3.6. Sinkende Qualität durch weitere Manipulationen im Vorfeld von Messungen

Die Ausnutzung von Grenzwerten ist im QM nur eine Möglichkeit Messergebnisse zu manipulieren. Es ist heute ein offenes Geheimnis, dass große Discounter Zulieferer anweisen, ihre Produkte den Testkriterien von Testzeitschriften anzupassen[46]. Ins Regal kommt mit Vorliebe, was ein „gut" oder „sehr gut" erhält und behält. Neben der Grenzwertausnutzung von Schadstoffen kann dann ebenfalls dafür gesorgt werden, dass nur Mindestanteile erwarteter Zutaten in den Produkten enthalten sind. So kann es beispielsweise für das Testergebnis egal sein, ob der Nussanteil einer Nougatcreme 20% oder 40% ausmacht. Die gute Farbe kann im Test eine Rolle spielen, ein diese gute Farbe bewirkender Zusatzstoff aber nicht (unbehandelter Orangensaft punktete beispielsweise in einem Test gerade aus diesem Grunde nicht). Da die Tester oft nicht die finanziellen und technischen Voraussetzungen dafür haben, die angepriesenen Wirkungen der Produkte zu überprüfen, werden Wirksamkeitsüberprüfun-

---

[46] Der Chefredakteur der Zeitschrift Ökotest, Jürgen Stellpflug, erläuterte dies freimütig in der ZDF-Sendung von Johannes B. Kerner am 16.04.2009

gen auch aus den Tests herausgeklammert. So kann eine Hautcreme ein „sehr gut" erhalten, ohne dass auch nur ein Wirkungsversprechen eingelöst werden muss. Und schließlich lassen sich viele positive Bewertungspunkte ergattern, wenn die Deklaration der Inhaltsstoffe vollständig ist – ganz unabhängig davon, was da deklariert wird.

An jeder beliebigen Stelle von Differenzierungsprozessen sind solche kleinen, aber wirksamen Eingriffe möglich (vgl. Kap. II, Abs. 4.4). Nicht nur die Dienstleistung "Warentest" kann so mit Hilfe des QM manipuliert und verschlechtert werden. Die künstliche Reduzierung von Fehlermöglichkeiten (vgl. Kap. III, Abs. 2), die Wahl eines günstigen Messzeitpunktes und ein wenig aktive Einflussnahme auf die so genannten "Fakten" mit Hilfe von "Datenbereinigungen" sind weitere Möglichkeiten, schließlich die Qualitätsergebnisse herbeizurechnen, die den Zugang zu Plaketten, Siegeln und anderen Vorteilen erheblich erleichtern:

Da versenden amerikanische Universitäten an möglichst viele Highschoolabgänger ihre aufwändig gestalteten Werbebroschüren – aber nicht etwa weil es ihnen an Bewerbern mangelt. Nur eine hohe Bewerberanzahl für die wenigen vorhandenen Studienplätze garantieren eine geringe Aufnahmequote (acceptance rate), die wiederum Gütekriterium für Universitätsrankings ist.

Da müssen bei einem weltweit operierenden Produzenten von Kunststoffprodukten Mitarbeiter von Subunternehmen im Verletzungsfall schnellstmöglich das Betriebsgelände verlassen und den Ort ihres Arbeitsunfalls fälschen. Denn das Unternehmen hat schließlich im Sicherheitsbereich 0-Fehlerabläufe ersonnen, die durch dennoch vorkommende Unfälle nicht in Frage gestellt werden dürfen. Die Qualitätsauszeichnung für besondere Sicherheit wäre andernfalls ernsthaft gefährdet.

Da werden in unserem qualitätsgemanagten Gesundheitssystem viele Menschen immer kränker – und zwar keinesfalls, weil sich ihr Gesundheitszustand in irgendeiner Form verändert oder verschlechtert. Nein, allein die neuen Abrechnungsmodalitäten, nach denen Kassen mit vielen

Schwerkranken Ausgleichzahlungen von anderen Kassen mit weniger Schwerkranken erhalten, sorgen dafür, dass die Diagnosen sich verschlimmern. Eine Krankenkasse in Niedersachsen bezahlte Ärzte für die „richtige" Diagnostik und ein bayerischer Ärzteverband forderte seine Mitglieder auf, die rund 80 lukrativen Krankheiten bei der Erstellung von Diagnosen besonders im Blick zu haben.

3.7. Sinkende Qualität durch starre „0-Fehler"-Vorgaben

Im QM wird versucht, mit Hilfe einer kleinschrittigen Zergliederung der Arbeitsprozesse den Entscheidungsspielraum von Mitarbeitern einzuschränken. Mitarbeiter sollen so auf die Einhaltung aller Standards verpflichtet werden. Prozesse sollen damit vollständig „von oben" beherrscht und gelenkt werden können. In früheren Zeiten war der „Dienst nach Vorschrift" ein von Arbeitgebern gefürchtetes Mittel des Arbeitskampfes, das alle Räder zum Stillstand bringen konnte. Heutige Dienstanweisungen legen Arbeitsschritte so differenziert fest, dass die Durchsetzung eines Dienstes nach Vorschrift nicht mehr als Bedrohung, sondern als Unternehmensziel gilt.

Ungereimtheiten und Fehler sind damit dennoch nicht zu verhindern. Und so kann es geschehen, dass Mitarbeiter gehörigen Ärger bekommen, wenn sie ihrerseits solche Fehler schnell und unbürokratisch beheben wollen. Besonders problematisch wird es, wenn sich die differenzierten Vorgaben wie im folgenden Beispiel auf Arbeitsprozesse beziehen, die sich durch Komplexität und eine besondere Art von Fachlichkeit auszeichnen.

Beispiel: medizinische Versorgung
In wenigen anderen wissenschaftlichen Bereichen gibt es so große fachliche Unsicherheiten und dementsprechend so

häufig wechselnde Modewellen wie in der Medizin. Wir haben in Abs. 2.5. dieses Kapitels gesehen, wie mit Hilfe der empirischen Forschung fast alles bewiesen oder auch widerlegt werden kann. Darüber hinaus kommen in kaum einem anderen Forschungsgebiet so häufig bewusst gefälschte Ergebnisse vor. Die enge Verbindung von Pharmaindustrie und Forschung trägt ein Übriges zur Qualität medizinischen Wissens bei. Immer wieder erweisen sich Medikamente und operative Verfahren als fatale Fehler, die Menschen nicht nur neuem Leiden aussetzen, sondern nicht selten zum Tode führen. So schluckten Hunderttausende von Frauen in den Wechseljahren Hormone, die sich als krebsauslösend herausgestellt haben. Die Einnahme einer ebenfalls weltweit verschriebenen Schmerzmittelsubstanz (in Deutschland verkauft unter dem Namen „Vioxx") wurde für den Tod schmerzgeplagter Menschen verantwortlich gemacht. Und durch die operative Behandlung von Hüftgelenken mit Hilfe eines Computers (sog. Robodoc) wurden Patienten dauerhaft geschädigt... usw. usw.[47]

Offenkundige Fehler in der Medizin werden aus etlichen Gründen erst nach vielen Jahren ernst genommen. Zum einen streichen manche Pharmaunternehmen gern auch mit problematischen Medikamenten gute Gewinne ein. Zum anderen wird das Vertrauen der Menschen in medizinische Prozeduren gewonnen durch religiös anmutende Rituale und Ehrfurchterbietungen, die im Umgang mit den „Göttern in Weiß" an der Tagesordnung sind, durch steile Hierarchien in den Krankenhäusern und durch medienwirksam verkaufte Erfolge.

Was geschieht aber, wenn dieses „Wissensgebiet Medizin", das seine Glaubwürdigkeit nicht nur aus fachlich abgesicherter Kompetenz, sondern zu einem großen Teil aus den

---

[47] Vgl. z.B. J. Blech (2005). Heillose Medizin. Fragwürdige Therapien und wie Sie sich davor schützen können. Frankfurt am Main: Fischer und W. Bartens (2008). Vorsicht Vorsorge. Wenn Prävention nutzlos und gefährlich wird. Frankfurt am Main: Suhrkamp

– verständlicherweise oft existentiellen – Ängsten der Patienten speist, dem Qualitätsmanagement unterworfen wird.

Es wird sich dann nicht damit begnügt, die Patientendaten zu messen, zu sammeln und in Fachdiskussionen bewertend zu vergleichen. All dieses Tun dient im QM am Ende nur einem Zweck: detaillierte Anweisungen für eine nach Möglichkeit „fehlerfreie" Vorsorge und Behandlung zu entwickeln.

Die sog. „evidenzbasierte Medizin" hat in diesem Zusammenhang in den letzten Jahren immer mehr an Bedeutung gewonnen. Therapieempfehlungen für einzelne Krankheiten werden dabei nicht mehr nur als mögliche Behandlungswege, sondern als (Qualitäts-) „Leitlinien" definiert. Hier besteht nicht nur die Problematik, dass der überwiegende Teil der Ergebnisse der evidenzbasierten Medizin durch die Pharmaindustrie beeinflusst ist[48], dass auch hier die Messprobleme I-III nicht zu vermeiden sind und dass echte Qualität mehr ist als das Einhalten standardisierter Behandlungsvorschriften.

Eine von problematischen Interessen geleitete, überdifferenzierte Betrachtungsweise kann vor allem den Menschen zum Verhängnis werden, die - wie z.b. chronisch kranke und alte Menschen – an mehr als einer Krankheit leiden. Diese Patienten, die nicht etwa eine kleine Randgruppe, sondern einen Großteil aller Kranken stellen, müssten nach den Leitlinien für jede ihrer Erkrankungen ganz unterschiedliche Medikamente in nicht unbeträchtlichen Mengen erhalten. Fatal ist dabei vor allem der Umstand, dass über das Zusammenspiel unterschiedlicher Medikamente in aller Regel wenig bekannt ist. Festgelegte Behandlungspfade in einem solchen Wissensniemandsland schaden den Patienten.

Unter dem Regime des QM scheint es weniger die Gesundheit zu sein, welche den Patienten zu Teil werden soll. Auch dienen die Leitlinien in der Umsetzung nicht zu allererst dazu, den Patienten eine Behandlung auf dem „neuesten Stand" zu sichern. Vor allem geht es in QM-gemanagten

---

[48] W. Bartens (2008). Das neue Lexikon der Medizin-Irrtümer. Frankfurt am Main: Piper, S. 146

Einrichtungen darum, den eventuellen rechtlichen Folgen in Form von Patientenklagen zu entgehen. Alle diagnostischen Verfahren, alle Behandlungen sollen so durchgeführt werden, dass eine größtmögliche Rechtssicherheit für die Behandler gewährleistet ist. Für den Patienten ergibt sich hierdurch die Situation, dass ihm Behandlungen, die nicht in diesen standardisierten Behandlungspfaden enthalten sind, vorenthalten werden (müssen) und – dies ist meist problematischer – dass er Behandlungen unterworfen wird, die er oft gar nicht will. Da wird Patienten mitgeteilt, dass zur genaueren Diagnostik dieses oder jenes Organ geöffnet oder punktiert werden soll oder dass anschließend zur Behandlung wiederum Skalpell, Bestrahlung und Medikamente aller Art zum Einsatz kommen müssen. Patienten, die lieber abwarten wollen – bei etlichen Krankheiten hat sich diese Methode als genauso wirksam bzw. unwirksam erwiesen wie die ganzen medizinischen Prozeduren - oder Patienten, die andere Behandlungsmethoden wünschen, gelten heute mehr denn je als Querulanten.

Denn die Behandlungswege sind weitgehend festgelegt. Auch Ärzte, die aufgrund ihrer Erfahrung und ihrer Fachkompetenz lieber andere Wege gehen würden, haben kaum eine Chance zur Abweichung. Wenn „etwas passiert", können sie schließlich haftbar gemacht werden. Ärzte müssen für ihre Rechtssicherheit den Preis zahlen, individuelle Behandlungen – eben Behandlungen, die neben den offiziellen Standardfestlegungen des QM liegen – gegebenenfalls gar nicht oder nur in einem engen Rahmen durchführen zu können.

Ärztliche Fähigkeiten wie Empathie, ganzheitliche Wahrnehmung des Patienten, achtsame Zuwendung und vor allem langjährige Erfahrung – eben all die Tugenden, die einen Arzt noch vor wenigen Jahrzehnten qualifizierten und die ein gutes, beständiges Gegengewicht zu dem mit vielen Problemen belasteten medizinischen Fachwissen waren, zählen heute nur noch wenig. Den Preis für die normierten „Medizinprodukte" tragen aber vor allem die Patienten: die, die sich entgegen ihrem Gefühl und dem Zögern ihres Arztes auf die empfohlenen Prozeduren einlassen ebenso wie die, die andere Wege gehen und dabei heute mehr denn jemals zuvor auf gute, ärztliche Begleitung verzichten müssen.

3.8. Sinkende Qualität durch falsche Prioritäten

Die Problematik, dass das Wichtigste nicht oder nicht mehr gesichert wird, kommt im QM besonders häufig zum Tagen. Wir haben gesehen, auf welche Weise in den für das QM typischen Differenzierungsprozessen das Wesentliche – oft ganz ohne Absicht – einfach vergessen oder hinten angestellt wird. In der Planung, also auch in der Planung von Prozessbeschreibungen ist immer die Gefahr gegeben, dass offensichtliche Probleme in den Vordergrund der Betrachtung rücken und überbewertet werden. Das Wichtigste wird absurderweise gerade deshalb vergessen, weil es bis dahin „funktionierte", weil es den Status einer Selbstverständlichkeit hatte.

Wenn Tomaten heute nicht mehr nach Tomaten, Äpfel nicht mehr nach Äpfeln schmecken, wenn technische Produkte heute über eine Fülle von Funktionen verfügen, die nur ein Bruchteil der Nutzer gebrauchen kann, wenn bewährte Produkte verschlimmbessert werden, dann ist jedes Mal das Wichtigste verloren gegangen. Und das oft auf Nimmerwiedersehen. Auch die in diesem Kapitel behandelten Beispiele der Qualitätsverschlechterung an Krankenhäusern, Schulen und Universitäten zeigen, wie das Wichtigste, die ganzheitliche Sicht auf Patienten, Schüler und Studenten, im QM mit Hilfe von Zerlegungen und Haarspalterei, von differenzierten „Analysen" und Handlungsanweisungen, geopfert wird.

Wie hier nicht nur die Endverbraucher, sondern auch Unternehmen selbst zum Opfer des QM werden, zeigt das folgende Beispiel. Der Kauf des Produkts „Risikomanagement" kann sich auf folgende Weise als Mogelpackung erweisen.

Beispiel: Das Produkt „Risikomanagement"
Um gegen alle Eventualitäten gewappnet zu sein, ist es in modernen Unternehmen heute üblich, ein Risikomanagement zu betreiben. Alle denkbaren Risiken hinsichtlich eines Projektes werden sorgfältig gesammelt, analysiert und bewertet. Leider zeichnen sich aber gerade Risiken dadurch aus, dass sie unvorhersehbar und in ihrem Umfang nicht einschätzbar sind. Sie tauchen mit Vorliebe plötzlich gerade dort auf, wo sie niemand erwartet hat.
Das Messproblem II spielt also im Risikomanagement eine herausragende Rolle. Das „Wichtigste" wird sich einer differenzierten Analyse zu entziehen wissen. Statt dessen wird in einem Risikomanagementsystem das erfasst, was sich eben so erfassen lässt. Indem sich immer fester an diesem offensichtlich Greifbaren festgehalten wird, gerät das Wichtigste immer mehr aus dem Blickfeld. Mit jedem Differenzierungsschritt wird das Unwichtige immer wichtiger. Die hierfür angelegten Ordner und Tabellen, die erarbeiteten Analysen, Standards und Kennzahlen beeindrucken allein durch ihr Vorhandensein. Mit jedem Differenzierungsschritt wird das Unwichtige aber nicht nur vervielfältigt, mit jedem dieser Zerlegungsschritte steigt auch die Zahl möglicher Fehler und bewusster Manipulationen (vgl. Kapitel II, Abs. 4.4.). So werden am Ende schließlich Fehler und Risiken minimiert, die gar keine waren.
Darüber hinaus neigen Maßnahmen, die Risiken verhindern sollen, dazu, selbst ein Risiko dazustellen. Das ist beispielsweise der Fall, wenn Mitarbeiter auf strengere Kontrollen ihrer Arbeitsergebnisse verpflichtet werden und dann die notwendigen Kapazitäten für die sorgfältige Durchführung der eigentlichen Tätigkeiten fehlen. Oder wenn zur Minimierung des Haltbarkeitsrisikos von Produkten bedenkliche Zusatzstoffe verwendet werden.
Ein ausdifferenziertes Risikomanagementsystem setzt aber meist nicht nur am Unwichtigen an und wird sich des

Öfteren selbst zum Risiko. Es verleitet gerade dazu, unvorsichtiger zu sein. Wenn beispielsweise in Kernkraftwerken Kühlsysteme ausfallen, löst das aufgrund anderer Sicherheitsvorkehrungen die notwendigen Gegenmaßnahmen oft nicht oder viel zu spät aus. In dem Gefühl das „Risiko gemanagt" zu haben, werden auch gern bewusst Risiken eingegangen. Mit Hilfe einer „gut durchdachten" Risikostreuung hat so mancher Fondsmanager die Gelder seiner Kunden in den Wind des unkalkulierbaren Risikos geschrieben.

Der Risikominimierende im Management ist immer sehr gut ausgelastet mit der genauen Kontrolle von Umständen, die sich im Ablauf der Zeit als Nebensächlichkeiten herausstellen. Für die Bearbeitung der Gefahren, die dem Unternehmen direkt und unmittelbar drohen, fehlt dem so beschäftigten Risikominimierenden Zeit und Geld, Motivation und Energie. Das „intrinsische" Wissen um die echten Risiken (eben der „richtige Geschäftsinstinkt"), das früheren Managergenerationen zu Recht als entscheidende Kompetenz abverlangt wurde, wird neben einem Risikomanagement heute nicht nur nicht gebraucht, sondern es ist gänzlich unerwünscht.

Während ab dem Spätsommer des Jahres 2007 die Immobilienkrise trotz vorhandener Warnungen Anleger in den Ruin und Banken in die Verlustzone trieb, war auch deren „Risikomanagement" hinsichtlich der Risikoinvestitionen ganz offensichtlich auf diese Weise ausschließlich mit sich selbst beschäftigt.

3.9. Sinkende Qualität durch die Neudefinition traditioneller Begriffe

Die Möglichkeiten Produkteigenschaften wie z.B. haltbar, stabil, natürlich, gesund, verjüngend, sicher, sparsam, schnell, geschmackvoll, funktional, innovativ… immer wieder neu zudefinieren, werden natürlich auch im QM genutzt. Schließlich handelt es sich hier um Adjektive, die ihrer Natur gemäß immer „relativ" sind (vgl. Messproblem I in Abs. 2.1.). Die „Stabilität" eines Möbelstückes kann sich beispielsweise in Jahren oder aber auch in Jahrhunderten bemessen... und die Beschreibung der „Natürlichkeit" von Lebensmitteln kann sich orientieren an Art und Anzahl von darin enthaltenen oder fehlenden Züchtungsprozessen und gentechnischen Veränderungen oder aber am Verarbeitungsgrad oder an dem Anteil von Zusatzstoffen und –verfahren.

Die Beliebigkeit der Zuschreibung von Merkmalen ist dabei nur ein erster Schritt, der dazu führen kann, dass der Bedeutungsgehalt eines Begriffs sich schließlich in sein Gegenteil verkehrt. Auf diese Weise hat im QM die Neuvertextung zentraler Begriffe ein erschreckendes Ausmaß angenommen. Nicht nur die Begriffe **Qualität** und **Kundenorientierung** erfahren im Rahmen von QM-Prozessen eine Neudefinition, die von dem früher Gemeinten nicht viel übrig lassen. In Kapitel III wurde gezeigt, was heute unter **Nullfehlerprozessen** verstanden wird und in Abs. 3.11. dieses Kapitels kann nachgelesen werden, wie in der akademischen Lehre auch das Konzept der **Selbstständigkeit** in sein Gegenteil verkehrt wurde. Gleiches gilt für den Begriff **Wert**[49], der im QM nicht mehr viel mit einer kulturell bestimmten Orientierungslinie für das allgemein Anerkannte und Erstrebenswerte zu tun hat, sondern sich nur noch monetär in Euro und Cent bemisst.

Auch der Begriff der **Nachhaltigkeit** erfuhr so eine Reihe von Bedeutungswandlungen, die nicht selten in genau Dasjenige resultierten, was Nachhaltigkeit im ursprünglichen Sinne gerade vermeiden sollte. Umdefinitionen erfolgten dabei z.B. in den folgenden Schritten:
- *Nach einer Position der Vereinten Nationen soll Nachhaltigkeit den Wohlstand der heutigen Generationen sichern, ohne den Wohlstand künftiger Generationen zu gefährden.*

---

[49] Vgl. Tabelle 1 in Kapitel I

- *Der Wohlstand künftiger Generationen wird in diesem Zusammenhang als abhängig von einem wirtschaftlichen Wachstum gedacht.*[50]
- *Wirtschaftliches Wachstum setzt voraus, dass begrenzte Ressourcen aller Art nicht unnötig „verschwendet" werden.*
- *Um begrenzte natürliche Ressourcen (Arbeitskraft, Rohstoffe, Land und Natur...) nicht unnötig zu verschwenden, sollen sie so nutzbringend, eben so „nachhaltig" wie möglich „ausgenutzt" werden...*

Im folgenden Beispiel wird eine weitere Variante beschrieben, mit der der Begriff „Nachhaltigkeit" in sein Gegenteil verdreht werden kann.

Beispiel: Das Produkt „nachhaltige Geldanlage"
Anleger, die ihr Vermögen in nachhaltige Geldanlagen investieren, gehen oft davon aus, mit ihrem Geld nicht mehr an der Ausbeutung von Natur und Mensch beteiligt zu sein. Dennoch kann es geschehen, dass sich in ihrem Portfolio Aktien von Atomindustrie, von Chemie- und Gentechnikkonzernen befinden. Wie sind diese Aktien dort hinein geraten? Ein gutes Viertel aller nachhaltigen Geldanlageprodukte wird nicht nach einer Positivliste, die gewisse Mindeststandards setzt, oder nach einer Negativliste, in der bestimmte Ausschlusskriterien formuliert werden, definiert, sondern nach dem „Best-in-Class-Prinzip".

Nach dem Best-in-Class-Prinzip, welches unter anderem dem Dow Jones Sustainability Index (DJSI, dt. Dow Jones Nachhaltigkeitsindizes)[51] zu Grunde liegt, werden diejenigen

---

[50] „Wir brauchen eine neue Wachstumsära, ein ebenso kräftiges wie sozial- und umweltverträgliches Wachstum." So lautet eine zentrale Aussage zur Nachhaltigkeit in dem bekannten Brundtland-Bericht der Weltkommission für Umwelt und Ethik von 1987

[51] Reto Ringger, der Erfinder des DJSI und einer der weltweit wichtigsten Vertreter von entsprechenden Anlagen meint zum Thema „Nachhaltigkeit" in einem Streitgespräch: „Sie sitzen einem grundlegenden, aber leider sehr verbreiteten Missverständnis auf. Es lautet: „Nachhaltigkeit hat

Untenehmen aus einer Branche ausgewählt, die z.B. eine besonders durchsichtige Berichterstattung zu ihrer Sozial- und Umweltpolitik liefern. Ob diese Berichterstattung schließlich zu realen Verbesserungen im Umweltschutz oder zu sozial und ethisch verträglicheren Herstellungsprozessen und Produkten führt, wird dabei oft nicht mitbewertet. Auch die Umstellung von Teilbereichen eines Unternehmens auf vordefinierte Nachhaltigkeitsaspekte kann bewirken, dass es in entsprechenden Ratings einen vorderen Listenplatz belegt, obwohl die überwiegenden Unternehmensbereiche nach wie vor konventionell betrieben werden.
Der Bedarf an nachhaltigen Geldanlagen wächst. Mit Hilfe der vielfältigen Neudefinitionen des Begriffes „Nachhaltigkeit" kann er heute in beliebiger Höhe bedient werden.

3.10. Sinkende Qualität durch Zertifizierungsverfahren, durch interne und externe Audits

Zertifizierungsverfahren und Audits haben die Überprüfung organisationaler Prozesse durch interne oder externe Gutachter zum Ziel. Sie finden im Gegensatz zu einfachen Messungen in größeren zeitlichen Abständen statt. Wie andere Messungen basieren aber auch diese Prüfungsverfahren auf vorab bekannten, ausgewählten Kriterien. So können alle auf diese Prüfungen hinarbeiten, sich bestens vorbereiten und schließlich mit guter Bewertung bestehen.
Was sagen solche Bewertungen am Ende aus? Das Ergebnis einer einmaligen, angekündigten Prüfung kann nicht so interpretiert werden, als wäre es eine Regelleistung

---

primär etwas mit Ethik oder Gut und Böse zu tun". Das sind aber zwei völlig verschiedene Dinge. Wir sehen Nachhaltigkeit als ökonomische Dimension, die für Investoren enormes Potential bietet." Zitat aus einem Artikel von H. Willenbrock (2008). "Wir stehen bei der Nachhaltigkeit erst ganz am Anfang." „Finden Sie? Für Investmentmanager gibt es doch nichts Schöneres als Alkohol, Tabak und Pornographie." In: brand eins, Jg.10, Heft 12, S. 40-45

oder als wäre es jederzeit wiederholbar. Ebenso wie eine solche Prüfung eine umfangreiche Vorbereitungszeit (in der die abgefragte Leistung noch nicht erbracht wird) erfordert, folgt ihr eine Zeit notwendiger Entspannung (in der die abgeprüfte Leistung nicht mehr erbracht wird).

Eine Stunde unter Prüfungsbedingungen „kostet" somit etliche Stunden weit minderer Qualität. Einem nach den vorgegebenen Kriterien als „fehlerfrei" beurteilter Beratungsprozess durch einen Versicherungsmakler werden etliche Beratungen folgen, die die Qualität der Prüfungssituation nicht erreichen. Bei Schulüberprüfungen kann durch vorgeführte Musterstunden Sand in die Augen der Inspektoren gestreut werden. Und auch in der industriellen Fertigung wird den Zertifizierungsstunden und Audits besondere Aufmerksamkeit gewidmet, die im regulären Durchschnittsdienst unter den Tisch fällt: „Die Luft war erst mal raus. Nachdem wir genug zu tun hatten, die Zertifizierer zu überlisten, mussten wir uns vor allem um die Aufträge kümmern. Außerdem ändert sich ständig was, Konstruktion, Material, Werkzeug. Keiner hat Zeit, ständig die entsprechenden Anweisungen im „Handbuch", das sind mehrere Ordner, anzuschauen und anzupassen!"[52]

Reguläre Arbeitsbelastungen werden durch stetige Überprüfungen von sinnvollen und – mit zunehmendem Differenzierungsgrad meist häufiger vorkommend - unsinnigen Vorgaben massiv verstärkt. Ausgleich und Ventil der so in regelmäßigen Abständen durch Audits und Zertifizierungsverfahren gegängelten Mitarbeiter ist naturgemäß Leistungsverminderung und – wann immer möglich - auch Leistungsverweigerung.

---

[52] Qualitätsbeauftragter zitiert nach M. Moldaschl (2001). Qualität als Spielfeld und Arena: Das mikropolitische Verständnis von Qualitätsmanagement – und seine Grenzen. In: H. Wächter und G. Vedder (Hrsg.): Qualitätsmanagement in Organisationen. DIN ISO und TQM auf dem Prüfstand. Wiesbaden: Gabler, S.119

3.11. Immer weiter sinkende Qualität mit Hilfe von Benchmarking[53], Ratings[54] und Rankings[55]

Mit dem Beginn der Finanzkrise von 2007 zeigte sich die wahre Qualität der Dienstleistung so genannter Ratingagenturen, deren Fehlbewertungen sich nicht nur auf Investmentfonds, sondern auch auf die Kreditwürdigkeit von Unternehmen bezogen. Nachdenklich stimmt es ebenso, wenn im selben Jahr in einem Rating zur Nachhaltigkeitsberichterstattung innovative Firmen aus der Biobranche, der alternativen Energieerzeugung und der ökologisch orientierten Finanz- und Versicherungswirtschaft gar nicht auftauchen, dafür aber Großunternehmen aus der chemischen Industrie beste Listenplätze ergattern.

Auch im QM dienen Benchmarking, Rankings und Ratings vorgeblich dazu, Produkte und Prozesse nach bestimmten Kriterien miteinander zu vergleichen. Ziel dieses Vergleichens soll die Herausstellung leistungsstarker und kostengünstiger Varianten eines Merkmales sein. Im QM soll schließlich das Verhältnis von Kosten und Gewinn optimiert werden: so viel Gewinn wie möglich zu so geringen Kosten wie nötig. Mittels Standardisierung und Kennzahllogik werden hierfür sowohl die Kosten als auch die Leistungen zu praktisch handhabbaren Paketen geschnürt, deren Viereckigkeit auch hier über die dahinter liegende Komplexität hinwegtäuscht (vgl. Kapitel III, Abs. 2). Indem die aus einer so verkürzten Logik entstandenen Orientierungswerte miteinander verglichen werden, erhalten wir die Grundlage für die im Qualitätsmanagement typische Abwärtsspirale.

---

[53] Benchmarking (engl. „Maßstäbe setzen") ist eine vergleichende Analyse zu einem vorab festgelegten Kriterium.
[54] In einem „Rating" werden Produkte, Dienstleistungen oder ganze Organisationen eingeschätzt und bewertet.
[55] In einem „Ranking" werden vorab gegebenen Bewertungen in eine „Rangfolge" gebracht.

Die Landwirtschaft ist ein gutes Beispiel für einen Wirtschaftsbereich, in dem sich verselbstständigende Dumpingpreise dazu führten, dass mit immer weniger Kosten jahrelang immer mehr produziert wurde. Um welchen „Preis" aber? Wenn sich ausschließlich an der kostengünstigsten Variante orientiert wird, sinkt zwangsläufig die Qualität. In der Landwirtschaft geht die sinkende Qualität auf das Konto einer zunehmenden Industrialisierung und damit verbundenen auf das Konto von Monokulturen, von gentechnischen Veränderungen, der Zunahme von Dünge- und Spritzmitteln, von Massentierhaltungen, von vermehrten Medikamenteneinsätzen... Ähnliches gilt für die Lebensmittelindustrie, die Bekleidungs- und Kosmetikindustrie. Überhöhte Gift- und Schadstoffwerte bei gleichzeitigem Nichterreichen herkömmlicher Qualitäts- und Gütemerkmale lösen hier kaum noch Skandale aus. Auch an die Senkung der Qualität von Dienstleistungen haben sich die Verbraucher lange gewöhnt. Vor allem Einsparungen bei den Personalkosten durch „Qualitätsoffensiven" haben im Dienstleistungssektor entsprechende Folgen. Qualifizierte Fachlichkeit als auch engagierte Motivation werden überall dort herausgerankt und - geratet, wo keine kurzfristigen ökonomischen Vorteile durch diese Mitarbeitertugenden erwartet werden (Beispiel: Vergleich von Arztpraxen mit der Kennzahl „Personalkostenquote" in Abs. 4.6).

Wenn Äpfel mit Äpfeln, Waschpulver mit Waschpulvern, und Fahrräder mit Fahrrädern verglichen werden, kann über die Probleme der Vergleichbarkeit hinweggegangen werden. Je komplexer die „Produkte" aber sind, desto schwieriger wird es, in solchen Vergleichen noch Sinn zu sehen. Diese Problematik wird dadurch verstärkt, dass Daten in Benchmarkingprozessen, in Rankings und in Ratings gern bewusst geschönt, also verfälscht werden. Wenn Unternehmen, Verwaltungen und Bildungseinrichtungen sich unter diesen falschen Voraussetzungen zum Ziel setzen, die eigenen Kosten so weit zu senken, dass die Werte des „Besten" erreicht werden, ist ein weiterer Leistungsverlust programmiert.

Der Vergleich von hoch differenzierten Dienstleistungen in Banken und Versicherungen, in Krankenhäusern und Bildungseinrichtungen wirft so vor der Suche nach geeigneten Standards die Frage auf, was denn überhaupt Gegenstand solcher Vergleiche sein könnte. Während sich heute beispielsweise in Universitäten redlich bemüht wird, differenzierte Antworten auf diese Frage zu suchen, wurden die entscheidenden Weichen hier bereits von ganz anderer Seite gestellt. So ist es populär geworden, mit Hilfe von Ratings und Rankings Universitäten und in zunehmenden Maße auch Schulen entsprechend vorzuführen. Auf welche Weise dabei das „Produkt Schüler- und Studentenwissen" in Mitleidenschaft gezogen wird, zeigen die folgenden Beispiele.

Beispiel: Schulausbildung und Pisa-Studie
Die Pisa-Untersuchungen haben nicht nur dazu geführt, dass - wie oben schon beschrieben - Lehrer heute mehr mit dem Abhalten von Prüfungen und Tests, dem Führen von Statistiken und eigenen Fortbildungsmaßnahmen beschäftigt sind als mit der Aufgabe, ihren Schülern den vorgesehenen Unterrichtsstoff näher zu bringen. Die Möglichkeiten Schülerköpfe ein wenig herauszufordern sind auch dadurch gesunken, dass mögliche Lernfreiräume (z.b. durch den Wegfall eines ganzen Schuljahres bis zum Abitur) systematisch und gründlich zu Gunsten einer pisaabfrageorientierten Verschulung wegrationalisiert wurden. Jeder „freie" Gedanke ist nach den neuen Qualitätsmaßstäben schließlich nichts als „Verschwendung". Ein dressierter Bär kann aber noch lange nicht tanzen. Deshalb meinen heute viele verunsicherte Eltern, ihren Kindern immer mehr Feuer unter den Sohlen machen zu müssen. Die Anzahl der Nachhilfeschulen und – schüler ist geradezu explodiert, in jedem Zeitungsladen werden Elternratgeber angeboten und der Markt für Zusatz-Lernmaterialien erfuhr dreistellige Steigerungsraten. Vermessen ist unter diesen Umständen die Vermutung, dass die Verbesserung der abgefragten Pisa-Leistungen in einem Zusammenhang mit Verbesserungen des Schulsystems stehen.

Der Preis für das Erreichen zweifelhafter Standards ist hoch. Er wird nicht nur mit Kinder-, Lehrer- und Elternnerven, Nachhilfestunden, Fördermaterial und Unmengen vergeudeter Lebenszeit aller Beteiligten bezahlt. Mit Pisa wird heute von außen diktiert, was unsere Kinder wissen sollen. Das Wichtigste, das Entscheidende haben wir uns mit der Pisa-Brille auf der Nase aus den Händen nehmen lassen. Im Land der Dichter und Denker zählt heute das Denken wenig – und das Dichten schon gar nichts.

Aber auch das Messproblem III, die fehlerhafte Messung, rückt bei der Betrachtung von Listenplätzen, von Tabellen und Punktevergleichen aus dem Blickfeld. Es scheint ausschließlich die zu interessieren, die gerade Opfer solcher Messungen geworden sind. So haben in der Studie von 2006 ausgerechnet die Länder Norwegen, Dänemark und Schweden, die aufgrund ihrer positiven Bewertungen in den Vorjahren Vorzeigefunktionen erfüllten, böse Einbußen hinnehmen müssen. Während einerseits von den Verantwortlichen gerätselt wurde, durch welche faktischen Umstände (weniger qualifizierte Lehrer, zu wenig Gewicht auf den Naturwissenschaften…) diese Ergebnisse erklärt werden könnten, hatte die dortige Bevölkerung viel einfachere Erklärungen parat. Das gute Abschneiden in den früheren Tests und die anschließenden Pilgerfahrten zu ihren Schulen wurden von den Skandinaviern, die sich selbst im Allgemeinen nicht als bildungsverwöhnt betrachten, schon immer beargwöhnt. Nun müssen die Pisa-Weiterbildungskurse also woanders stattfinden.

Die Vermutung von Falschmessungen in Pisa-Studien beziehen sich nicht nur auf die Erhebungsmethoden (z. B. zur Auswahl von Schülern[56], zur Auswahl von Fragestellungen, zur Auswahl von Skalierungsmethoden und zu zweifel-

---

[56] In manchen Ländern wurden Migrantenkinder oder Schüler mit Lese-Rechtschreib-Schwäche bzw. mit Rechenschwäche von den Tests ausgeschlossen. Ebenso wurde das Geschlechterverhältnis oft nicht richtig berücksichtigt bzw. waren die Teilnehmerquoten zu niedrig.

haften Teilnahmemotivationsanreizen[57]). Sie wird auch untermauert von vergleichbaren Untersuchungen, die zu anderen Ergebnissen führen. Zum Thema Chancengleichheit stellte die Pisastudie von 2006 beispielsweise Verbesserungen fest, während andere Untersuchungen wie z.b. die im Grundschulbereich durchgeführte Iglu-Studie viel überzeugender feststellen, die bestehenden sozialen Ungleichheiten hätten zugenommen...

Beispiel: Rating der Abiturprüfungsergebnisse
Als in Niedersachsen im Jahr 2006 im Zuge der allgemeinen Datensammlungsbegeisterung zum ersten Mal ein Ranking der Gymnasien erstellt wurde, war die Freude bei den Bestplatzierten natürlich groß. Einziges Kriterium dieses Rankings war die Abiturdurchschnittsnote! Die Problematik dieses Rankings mit nur einer Kennzahl liegt auf der Hand: Nicht berücksichtigt wurden z.b. Kriterien zum sozialen Umfeld der Schulen (wie z.b. Einkommen und Bildungsabschluss der Eltern, groß- oder kleinstädtisches Milieu, aufgenommene Realschulabgänger). Durchgefallene Schüler wurden nicht miteinbezogen, so dass sich die groteske Situation ergab, dass zehn schlechte, aber bestandene Abiturprüfungen dem Notendurchschnitt einer Schule mehr schadeten als zehn Prüfungen, bei denen die Schüler durchgefallen waren.

Schulen auf diese Weise in einen Wettbewerb zu zwingen kostet am Ende nicht nur die Aussagefähigkeit der Noten und die Motivation von Lehrern und Schülern. Der Preis dieses öffentlichen Vergleichs ist die Ablenkung von all dem was wirklich wichtig ist: von den Lehrinhalten, von der Unterrichtsqualität und den Möglichkeiten individueller Schülerförderung. Der Schaden kann beliebig erweitert werden, wenn wie im folgenden Universitätsbeispiel auch öffentliche Beachtung oder gar Förderung an ein solches Ranking geknüpft werden.

---

[57] Amerikanische Schüler erhielten bspw. Geld für die Teilnahme.

Beispiel: Universitätsrankings
An dieser Stelle soll nicht auf die – problemlos Bücher füllende - Problematik der Kriterienbildung, der Kriteriengewichtung und der Erhebungsmethoden in Universitätsrankings[58] eingegangen werden, die heute nicht mehr nur von Zeitschriften, sondern gar von verwaltungspolitisch offizieller Seite in Auftrag gegeben werden. Hier soll lediglich die Frage interessieren, was denn solche Veröffentlichungen zur Folge haben. Werden Universitäten diese „Analysen" zum Anlass für allgemeine Verbesserungen nehmen? Universitäten wurden in den letzten Jahren im Zuge von QM-Maßnahmen immer mehr „verselbstständigt". Diese „Verselbstständigung" beinhaltete eine drastische Einschränkung der akademischen Selbstverwaltung z.B. durch die Einrichtung neuer Leitungsgremien. Die universitäre Freiheit wurde im Zuge dieser „Verselbständigungsprozesse" zusätzlich durch die Kürzung öffentlicher Mittel immer weiter beschnitten. Universitäten sind deshalb existentiell von einem klein karierten Punktemachen in Rankings und Ratings abhängig. „Verbessert" wird unter den neuen Machtverhältnissen vor allem nach den in den Leistungsvergleichen abgefragten Kriterien. Wenn die Qualität der Lehre beispielsweise maßgeblich nach der bloßen Anzahl von Veröffentlichungen in einer ebenfalls „gerankten" Liste von Fachzeitschriften bewertet wird, dann wird man sich darum bemühen, diese Zahl – koste es, was es wolle – nach oben zu treiben. Und das ist nicht möglich, ohne an anderer Stelle Abstriche zu machen. Nicht nur eine zwangsläufige Qualitätsverschlechterung der Veröffentlichungen ist dabei zu erwarten („das" veröffentlicht wird ist schließlich wichtiger als „was" da geschrieben wird). Auch die Kapazitäten für die wissenschaftliche Mitarbeit in anderen Bereichen, für die Studentenausbildung, für Forschung und Entwicklung müssen dann eingeschränkt werden.

---

[58] Eine kleine Ahnung um diese Problematik kann man erhalten, wenn man z. B. die in Abs. 3. 6. beschriebenen Manipulationsmöglichkeiten im QM auf die Komplexität universitärer Strukturen überträgt.

Natürlich erlauben die neuen Maßstäbe, mit denen Qualität heute einfach ausgemessen, abgezählt und ausgewogen wird, auch eine viel genauere Differenzierung zwischen guten und schlechten Fachbereichen.[59] Insbesondere mit den Geisteswissenschaften lässt sich meist wenig punkten und so wird das Denken aus vielen Universitäten immer mehr heraus"geratet".

Es steht dann schließlich nicht mehr viel im Weg, um nicht nur obere Rankingplätze zu belegen. Ein wenig Anpassung an das große Schaulaufen, ein zumindest rhetorisch wirkungsvolles Aufbrechen der „Versäulung" der Forschungsstrukturen durch ein paar hingeworfene „Exzellenzcluster" (so beschreibt man heute was früher schlicht „Zusammenarbeit" hieß) und schon hat man das „Elitegesamtkonzept". Wenn es den allermeisten Universitäten auch bisher nicht gelang, ein „Exzellenzprädikat" in einem durch Bund und Länder forcierten „Elitewettbewerb"[60] von Wissenschaftsrat und Deutscher Forschungsgemeinschaft zu ergattern, so können sich doch einige über diese Art von Ehrung freuen, auf die man schließlich über viele Jahrzehnte aufgrund ihres historisch bedingten, bitteren Beigeschmacks hatte verzichten müssen.

Durch eine Bindung finanzieller Mittel an fragwürdige Rankings und „Exzellenzinitiativen" lohnen sich das Mitmachen und die wissenschaftliche Fahnennachdemwinddreherei. Wird aber eine auf solchen Grundlagen fabrizierte „Elite" den ohne Plaketten daherkommenden, dafür aber echten Herausforderungen unserer Zeit standhalten können?

---

[59] Nach den neuen Leistungskriterien werden bereits heute zwischen rund 5 und 20% der Hochschulgelder verteilt. Aus Berlin kommt im Juli 2009 gar der Vorschlag, zwei Drittel des Zuschusses für die Hochschulen an „Leistungsindikatoren", „Erfolgsprämien" und „Kopfgelder" zu binden. Der besondere Vorteil dieses Verfahrens ist schließlich, dass es dann nur noch die Grundrechenarten sind, die Politikern zur Steuerung von Hochschulen und „widerspenstigen" Professoren abgefordert werden.
[60] Auf der Internetseite www.im-feld.de/KAS01/ haben Stipendiaten der Journalisten Akademie der Konrad Adenauer Stiftung Erfrischendes zum Thema „Geistesspitzen – Elite Unis in München auf dem Prüfstand" zusammengetragen.

4. Wie Qualitätsmanagement Wert und Gewinn reduziert und Kosten explodieren lässt

Trotz aller Probleme im Qualitätsmanagement wird oft immer noch vermutet: „Das ist ja alles gut und schön, aber immerhin werden mit der Methode des QM Kosten reduziert und Gewinne verzeichnet." Diese Annahme ist der wohl folgenschwerste Irrtum dem Unternehmen und Verwaltungen aufsitzen. Wenn komplexe Arbeitsprozesse durch ebenso komplexe Kontrollprozesse erweitert werden, muss sowohl das eine wie das andere finanziert werden. Die breite Kluft zwischen einerseits der QM-Rhetorik zur Kosteneinsparung („Wir machen keine Fehler mehr und wenn wir alles richtig machen, machen wir Gewinne") und andererseits der betrieblichen Kosten-Realität kommt auf vielfältige Weise zum Ausdruck.

4.1. Aus Qualität werden Kennzahlskelette – Vorboten ideeller und finanzieller Verluste

Schon den Qualitätsmanagern der ersten Stunde wurde vorgeworfen, dass die Kosten für ihre Maßnahmen in keinem Verhältnis zum Gewinn ständen. Daraufhin wurde von diesen argumentiert, dass die vorhandenen betriebswirtschaftlichen Maßstäbe lediglich die Kosten des QM messen können. Die Vorteile, also die möglichen Gewinne, die durch das QM bewirkt würden, seien betriebswirtschaftlich aber nicht messbar. Anstelle betriebswirtschaftlicher Zahlenspiele sollte die Produktqualität für sich sprechen. Mit Hilfe entsprechender Kundenbefragungen sollte diese Qualität nachgewiesen werden. Kundenzufriedenheit – davon wurde ausgegangen – ist der Schlüssel auch zum wirtschaftlichen Erfolg. Leider blieben die Qualitätsfachleute der ersten Stunde nicht bei dieser Haltung. Um die Akzeptanz ihres Tuns auch auf der Managementebene zu erhöhen, versuchten sie sich immer mehr, einer kurzfristig angelegten betriebswirtschaftlichen Logik anzupassen. „Es zeigt sich bei den Qualitätsingenieuren das Bemühen, die in einem sozialen Feld (Unternehmen) weniger legitimierte Technik (Qualitätsmanagement) mit der in diesem Feld stärker legitimierten Technik (Wirtschaftlichkeitsrechnungen) in der Weise zu verknüpfen, dass die weniger legitimierte sich den Kriterien der stärker legitimierten Technik fügt. Durch die Unterordnung unter die herrschende und akzeptierte Technik erhält die neue einen dienenden Charakter und gewinnt dadurch Legitimität."[61]

Die „Qualitätsbewegung" schrieb sich also die Unterordnung unter die Betriebswirtschaft auf die Fahnen. Dennoch stellte sich die Frage, wie diese Unterordnungsbereitschaft in der Praxis wirkungsvoll demonstriert werden konnte. Jeder Buchhalter weiß, welches ungeheure Ausmaß an Flexibilität und Variabilität in seinen Zahlenwerken steckt. Anpassungsversuche des QM an die Welt der betriebswirtschaftlichen Zahlen, kosteten und kosten noch immer nicht nur ein gerütteltes Maß an Selbstverleugnung, sondern auch an Geschick und Kreativität der Qualitätsmanager. Die Problematik der Scheingenauigkeit im QM hat in diesen Verleugnungs- und Anpassungsprozessen ihre tieferen Ursachen. Das Ziel wirklicher Qualitätsverbesserung wurde aufgegeben. Stattdessen sollte nun messbar gemacht werden, was irgendwie messbar schien. Hierfür wurde die Differenzierungstiefe der Prozessanalysen noch einmal erhöht. In den vorigen Kapiteln haben wird bereits gesehen, welche

---

[61] P. Walgenbach (2001). Historisch-institutionalistische Analyse der QM-Entwicklung. In: H. Wächter und G. Vedder (Hrsg.). Qualitätsmanagement in Organisationen. DIN ISO 9000 und TQM auf dem Prüfstand. Wiesbaden: Gabler, S. 14

Probleme dabei immer größer werden. Vor allem die (ungewollten) Fehlermöglichkeiten und die (gewollten) „Analyse"-Manipulationen nehmen zu. Der Blick für das Wesentliche – das sich oft geschickt jeder Messung zu entziehen weiß - geht dabei verloren. Am Ende bleiben tote Mess- und Kennzahlen, die versprechen, potentiellen Gewinn in Verknüpfung mit weiteren Kennzahlen sofort und als „harten Zahlenfakt" ablesbar zu machen. Mit diesem Schritt der Überanpassung an eine rein betriebswirtschaftliche – also, wie schon jeder Betriebswirtschaftsstudent weiß, in hohem Maße ebenfalls manipulierbare und künstliche „Logik", wurde der Anspruch an tatsächliche Qualitätsverbesserungen aufgegeben. Stattdessen wurden die heutigen Kennzahlskelette nach Frankensteinart geschaffen, die nun als Gespenster nicht nur Mitarbeiter und Manager erschrecken. Sie führen – z.B. mit Hilfe von Benchmarkprozessen - ein Eigenleben, das oft weit über die Grenzen der Orte ihrer Erschaffung hinausgeht.

4.2. Wie sich im QM Kosteneinsparung gedacht wird

Es hört sich meist sehr anspruchsvoll an. Da ist von einer Verknüpfung mit den Unternehmensvisionen, von Regelkreismodellen und Qualitätskosten-Ersparnis-Modellen (QkE)[62] die Rede. Und betrachtet man schließlich den Umfang von QM-Systemen, die Ausführlichkeit, mit denen Normierungs- und Standardisierungsvorgänge beschrieben werden, die Genauigkeit, mit der das QM-Handbuch verfasst wird, die Dauer der Arbeitsgruppensitzungen, auf denen ein solches Handbuch ersonnen wird und schließlich die Fortbildungsmaßnahmen, die notwendig waren, damit die Mitar-

---

[62] T. Simon und M. Janzen (2001). Einsparen – aber kontinuierlich. Senkung der Qualitätskosten durch Regelkreismodell. In: Qualität und Zuverlässigkeit, Jg. 46, H. 9, S. 1171-1173

beiter diese Sitzungen auch methodisch korrekt durchführen können – ja betrachtet man dies alles, so könnte mit Fug und Recht erwartet werden, dass die Kostenersparnisse im QM auf höchst komplizierte Weise erarbeitet werden müssen. Im Prinzip ist es aber immer wieder der gleiche Weg, nach dem im QM Kosten eingespart werden sollen: Zur Einstimmung werden die Missionen und Visionen des Unternehmens betrachtet, um hiervon die – möglichst ehrgeizigen – Ziele der jeweiligen Abteilung abzuleiten. Anschließend sollen die gegebenen Prozessstrukturen erfasst und festgelegt werden. Dabei erhalten Mitarbeiter, nicht selten die Vorgesetzten, den neuen Titel „Prozessverantwortlicher". Ebenso werden die Abgrenzungen zu anderen Unternehmensbereichen neu festgelegt und nun „Schnittstellendefinition" genannt. Der wichtigste Schritt im Rahmen der Festlegung der Prozessstrukturen ist das Festlegen von Kennzahlen und Messgrößen. Alles offensichtlich Zähl- und Messbare wird aufgeschrieben und bildet entweder an sich eine Kennzahl oder wird gemeinsam mit anderem Zähl- und Messbaren zu weiteren Kennzahlen verarbeitet. Zum Beispiel kann man in der industriellen Fertigung messen, wie viele Stückzahlen je Mitarbeiter hergestellt werden, in Krankenhäusern kann man nachzählen, wie viele Blinddärme pro Halbjahr entfernt werden und in Verwaltungen kann man messen, wie viel Kilogramm Papier jede Woche je Abteilung benötigt wird.

Die eigentliche Kostenersparnis soll nun dadurch zu Stande kommen, dass die Ist-Werte der Messgrößen - also zum Beispiel die tatsächlich hergestellte Produktanzahl pro Stunde - im Folgenden kontrolliert werden. Über einen bestimmten Zeitraum werden solche Istwerte gesammelt. Sie können dann mit den entsprechenden Istwerten aus anderen ähnlichen Unternehmensbereichen oder mit Istgrößen aus anderen vergleichbaren Unternehmen verglichen werden. Wenn nun in einem solchen Benchmarking festgestellt wird, dass in den anderen Unternehmensbereichen oder in anderen Unternehmen bessere Istwerte ermittelt werden, gibt es im QM eine besonders wirksame Lösung, mit der dieses Problem behoben wird: Die Sollzustände der Messwerte werden verändert! So kann z.b. als Ziel vorgegeben werden, die Anzahl der hergestellten Produkte pro Stunde zu erhöhen oder den Papierverbrauch pro Woche zu senken. Auch wenn es die Konkurrenz oder andere Abteilungen nicht besser machen, soll mit dieser „Methode" die Leistung immer weiter gesteigert werden. Im QM heißt diese Leistungssteigerung dann „ständige Verbesserung". Der Grundgedanke der Kosteneinsparung im Qualitätsmanagement ist also weder neu, noch in irgendeiner Weise komplex. Er wird weder von Visionen noch Missionen geplagt. Er ist weder ein „Modell" noch eine „Methode". Kosteneinsparung im Qualitätsmanagement bedeutet zu allererst, die gemessenen Istwerte entweder hoch- (Stückzahl pro Zeiteinheit, Patienten pro Stunde, Verkaufszahlen je Kunde) oder herunterzusetzen (Produktqualität, Verbrauch von Energie und Zeit).

4.3. Milchmädchenrechnungen: Kosten-Nutzen-„Analysen" im QM

Als „Qualitätskosten" werden neben den Kosten für die Fehlerverhütung (die eigentlichen QM-Kosten) auch die Kosten für Prüfverfahren (Prüfkosten) und die Folgekosten von Fehlern (Fehlerkosten) erfasst. Prüfkosten umfassen beispielsweise End- und Abnahmeprüfungen von Produkten, aber auch Qualitätsgutachten und Laboruntersuchungen. Fehlerkosten fallen beispielsweise an für Ausschuss und Nacharbeit, Wertminderungen, Kulanzfälle und Entschädigungen. Die gemeinsame Betrachtung aller Qualitätskosten hat aus Sicht der QM-Befürworter den Vorteil, dass die QM-Kosten nur als ein Teil aller Qualitätskosten in Erscheinung treten. Der Nachteil besteht aber darin, dass nach einer betriebswirtschaftlichen Logik Kosten immer reduziert werden sollen.

So wurde versucht, die Kosten des QM gesondert, in einer neuen Abgrenzung zu den Prüf- und Fehlerkosten zu behandeln. Schließlich, so wird argumentiert, macht es einen Unterschied, ob durch ein Verfahren (wie dem QM) Fehler verhütet oder wie im zweiten Fall schon eingetretene Fehler behoben werden müssen. Wenn es weniger oder keine Fehler mehr gäbe, müsse weniger oder gar nicht nachgearbeitet werden. Dieser Sichtweise folgend wird zwischen den „Kosten der Übereinstimmung" und den „Kosten der Abweichung" unterschieden. Die Kosten der Übereinstimmung umfassen alle Kosten, die für die Erfüllung der Qualitätsanforderungen sorgen – also insbesondere alle Aufwendungen für das QM. Die Kosten der Abweichung umfassen alle Kosten, die zur Behebung der bereits vorhandenen Fehler und Abweichungen aufgewendet werden müssen.

Nach dieser neuen Gewichtung erscheinen die Kosten der Übereinstimmung, eben die eigentlichen Kosten für das QM, natürlich umso mehr gerechtfertigt, wenn die Kosten der Abweichung steigen. In Kosten-Nutzen-Analysen zum QM hat man sich nun eine Menge phantasievoller Möglichkeiten erdacht, die Kosten für Abweichungen ins Unermessliche zu treiben. Vor allem die in den Abweichungen enthaltenen „Fehler" bieten hier als Ansatzpunkt ein unerschöpfliches Feld für Kostenentstehungen. So werden als „Fehler" heute Vorgänge definiert, die früher als natürliche Elemente eines Arbeitsprozesses verstanden wurden. Jede nicht in den Prozessbeschreibungen enthaltene Aktivität – ob es das die Sollwertzeit überschreitende Patienten-, Kunden- oder Klientengespräch ist oder eine Fehlerverhütungsmaßnahme, die nicht ausdrücklich vorab festgelegt wurde – ist danach nicht nur überflüssig, sondern ein Beitrag zu den „Kosten der Abweichung".

Solche befremdlichen Neuinterpretationen des Begriffs „Fehler" sind im QM leider weit davon entfernt nur „theoretisch" zu sein. So wurden in der Fertigung eines Unternehmens Arbeiter angewiesen, einfach durchzuführende Korrekturen in ihrem Arbeitsbereich zu unterlassen. Fehler, die erst in anderen Abteilungen – egal ob große oder kleine –

Probleme bereiten, sollten jenen Abteilungen selbst überlassen bleiben. Arbeiterinnen wurden abgemahnt, als sie bei veränderten Rohmaterialien an Produktionsmaschinen fehlerhafte Einstellungen „eigenmächtig" korrigierten. Auch wenn beispielsweise im Rahmen einer Dienstleistung vor Vertragsabschluss unklare Details geklärt werden müssen, kann dies unter einer Qualitätsperspektive (Unklarheiten gibt es nicht mehr...) als „Fehler" bewertet werden. Es wird dann geschätzt, wie häufig dieser „Fehler" in einem bestimmten Zeitraum auftritt und wie viel Zeit seine Bearbeitung in Anspruch nimmt. Die Kennzahl kann dann „Klärung unklarer Prozessdetails in Stunden pro Halbjahr" genannt werden. Dann wird eine präzise Berechung der Fehlerkosten wie folgt vorgenommen:
„Klärung unklarer Prozessdetails in Stunden pro Halbjahr" multipliziert mit dem Stundenlohn: 180 Std./Halbjahr mal 75,-Euro = 13.500,-Euro pro Halbjahr[63]

Gern wird in Zusammenhang mit solchen Berechnungen zusätzlich darauf verwiesen, dass die eigentlichen Kosten für Fehler dieser Art ja noch viel höher lägen, da die Kunden durch solche Fehler verschreckt werden könnten. Diese Fehlerkosten heißen dann „strategische Fehlerkosten" oder „externe Fehlerkosten" und sie würden in unserem Beispiel um so mehr steigen, je mehr vor Vertragsabschluss unklare Prozessdetails geklärt würden... Die Kosten der Abweichung steigen auf diese Weise kontinuierlich an. Im weiteren Verlauf eines QM-Verfahrens ist es so möglich, Fehlerkosten zu reduzieren, die es am Anfang, vor Einsetzten der QM-Maßnahmen, noch gar nicht gab....

Während die Kosten der Abweichung in Schreckensszenarien der obigen Art immer höher werden, sollen natürlich

---

[63] Nun ist es keineswegs so, dass solche „Berechnungen" nur von Qualitätsbeauftragten und Qualitätsmanagern ersonnen werden. Das hier genannte fantasievolle Beispiel zu den beklagenswerten „Kosten der Abweichung" findet sich in einem von Universitätsprofessoren verfassten „Standardwerk".

auch die Vorteile, die potentiellen Nutzen- und Gewinnmöglichkeiten, die sich durch das QM ergeben, in einer angemessenen Deutlichkeit hervorgehoben werden. Nutzenmöglichkeiten sollen sich im QM ergeben zum einen durch „Fehlervermeidung" und zum anderen durch „ständige Verbesserungen". Der mögliche Nutzen, der sich aus der Fehlervermeidung bzw. Fehlerreduzierung ergibt, wird von den Fehlerkosten abgeleitet. Im obigen Beispiel betragen die Fehlerkosten 13.500,- Euro. Die „unklaren Details", die ja als maßgebliche Fehlerursache ausgemacht wurden, werden nun geklärt und die Mitarbeiter entsprechend angewiesen. Abschließend wird großzügig geschätzt, um wie viel Prozent der Wert der Kennzahl „Klärung unklarer Prozessdetails in Stunden pro Halbjahr" durch diese Maßnahme verbessert wurde. Gehen wir von einer im QM durchaus üblichen 50-prozentigen Verbesserungsschätzung aus, die von den um ihren Arbeitsplatz fürchtenden Mitarbeitern nicht nur bestätigt, sondern auch angestrebt wird. Zu rund 80 Prozent werden diese 50 Prozent dann als tatsächliche Einsparung berechnet. Schließlich könnten sich so in unserem Beispiel auch durch die Vermeidung von Fehlern, die keine sind, Einsparungsmöglichkeiten ergeben in Höhe von ca. (13.500,- Euro mal 0,50 mal 0,80) 5.400,- Euro!

Auf ähnlich abenteuerliche Weise wird der mögliche Nutzen, der sich aus allen weiteren Prozessen einer „ständigen Verbesserung" ergibt, berechnet. Die Wertveränderungen der entsprechenden Kennzahlen bewegen sich auch hier nicht selten in schwindelerregenden Höhen von bis zu 80 Prozent. Auf die Erklärung solcher Schätzungen wird nur zu gern verzichtet. Die im QM übliche Detailverliebtheit und Messeuphorie scheint hinsichtlich der Schätzung dieser Zahlen nicht zu greifen. Begründet werden die fehlenden Erläuterungen dann damit, dass die wirklichen Verbesserungspotentiale der ergriffenen Maßnahmen in Wirklichkeit ja noch viel größer seien. Als Beweis des Erfolges solcher „ständigen Verbesserungen" wird dann beispielsweise die „Tatsache" angeführt, dass bei reduzierten Mitarbeiterzahlen die Kundenzufriedenheit gestiegen ist. Wer wollte nach so gründlichen Berechnungen noch darauf verweisen, dass die an ihre Grenzen gebrachten Mitarbeiter nur mit Qualitätsverlust den Betrieb aufrechterhalten? Und wen interessiert noch die wissenschaftliche Erkenntnis, dass Kundenzufriedenheit durch entsprechende Anpassung der Messinstrumente umso mehr steigt, je häufiger sie gemessen wird. Die Kosten des QM scheinen sich durch diese Verfahren[64] fast wie von selbst zu legitimieren. Die Frage, ob sich der so errechnete Nutzen überhaupt in Gewinnen niederschlägt oder ob sich durch die „Verbesserungen" die Dienstleistungs- und Produktqualität so verschlechtert, dass die Konkurrenzfähigkeit des Unternehmens in Frage gestellt wird, kann dabei naturgemäß nur indirekt und in der fernen Zukunft beantwortet werden. Die so konstruierten Zahlen sollen für sich sprechen und dabei den schwankenden und butterweichen Boden, auf dem sie stehen, vergessen machen. Mit dem rechten Glauben kann mit solchen Berechnungen ein QM-bewußtes Unternehmen gerade so wie der Hans im Glück durch immer höhere QM-Ausgaben immer mehr Einsparungen erzielen...

4.4. Kosten, die in den QM-Kosten-Nutzen-Analysen ignoriert werden

In Kosten-Nutzen-Analysen werden – soweit sie überhaupt durchgeführt werden – meist nur die ganz offensichtlichen Zusatzkosten berücksichtigt, die für QM-Fortbildungen, neu angestellte QM-Mitarbeiter, QM-Systeme, externe Berater, Audits und Zertifizierungen zu finanzieren sind. Wesentliche Kostenbereiche werden aber meist vollständig ignoriert. So fließt die Mitarbeiterzeit, die für Fortbildungen, Arbeitsgruppensitzungen und vor allem für die umfangreichen Do-

---

[64] in der organisationswissenschaftlichen Literatur oft als „potemkinsche Qualitätsdörfer" bezeichnet...

kumentationsaufgaben anfallen, in aller Regel nicht in diese Berechnungen ein. Man geht wohl unausgesprochen davon aus, dass die Mitarbeiter ja ohnehin bezahlt werden und somit – kostenneutral – in Anspruch genommen werden können. Unter Berücksichtigung der tatsächlichen Mitarbeiterzeit, die in den QM-Prozeduren verbraucht wird, ist diese Annahme recht vermessen. Auch die Mitarbeiterzeit, die nicht direkt, sondern indirekt verbraucht wird, wird in den Kosten-Nutzen-Berechnungen nicht berücksichtigt. Solche indirekten Zeitfresser in Kontroll- und Veränderungsprozessen sind neben Ängsten und Befürchtungen von Mitarbeitern vor allem deren (Vermeidungs- und Verhinderungs-) Aktivitäten und Überlegungen im Umgang mit den neuen Maßnahmen. Ein weiterer meist vernachlässigter Kostenaspekt betrifft den Bedarf an zusätzlicher informationsverarbeitender Soft- und Hardware und entsprechendem IT-Personal. Schließlich müssen all die gesammelten Daten aufbereitet und abgelegt werden.

Während sich in der Privatwirtschaft immerhin ab und zu um Kosten-Nutzen-Analysen zum QM bemüht wird, gilt dies für den öffentlichen Dienst, für Schulen und Universitäten nicht. Hier möchte man im Allgemeinen wenig von den Kosten wissen, die mit der Kontrolle komplexer Arbeitsprozesse durch ebenso komplexe QM-Verfahren verbunden sind. Ganz offensichtlich ist den Verantwortlichen klar, dass auch in absehbarer Zukunft die Aufwendungen für QM-Verfahren die möglichen Einsparungen weit übertreffen. Und wenn im Zuge von QM-Maßnahmen Stellen gestrichen werden, bleibt die in aller Regel nicht beantwortete Frage, was von der vorab gegebenen Dienstleistungsqualität danach noch übrig ist. Aber da hier die Rechnung vom Steuer- und Beitragszahler beglichen werden muss, der schließlich keinen Anspruch auf die Beantwortung der Kosten-Nutzen-Frage hat, ist ein Ende der QM-Begeisterung in Verwaltungen und im Bildungsbereich noch nicht absehbar.

4.5. Die erträumten Kosteneinsparungen – und die Realität

Auf den ersten Blick ist erkennbar, dass das scheinbar neue, im Kern aber alt bekannte Grundmodell der Kostenersparnis, das auch im QM angewandt wird, im günstigsten Fall kurzfristige Wirkung zeigt. Eine Wirkung, die schnell an ihre natürlichen Grenzen stößt. Auch wenn Mitarbeiter immer mehr unter QM-Daumenschrauben gesetzt werden, auch wenn an Rohstoffen und Halbfertigprodukten in den Bereichen gespart wird, in denen auch die Konkurrenz nichts Besseres zu bieten hat, beide Verfahren sind nicht beliebig zu erweitern. Ein Klinikarzt, der täglich 50 Patienten behandelt, mag zwar durch „Qualitätsmaßnahmen" gezwungen werden können auch 80 Kranke zu betreuen, aber darüber hinaus wird kein wirklicher Spielraum sein. Auch ein Auto wird heute durch den Ersatz von Metall- durch Kunststoffteile qualitätsgemanagt billiger herzustellen sein als früher, aber auch hier gibt es natürliche Grenzen.

Die Möglichkeiten, die maßgeblichen Ziele so zu verändern, dass hierdurch reale Kosteneinsparungen erzielt werden, sind immer begrenzt. Was aber im Qualitätsmanagement nicht begrenzt ist, sind die Möglichkeiten des Messens. Das Messproblem I (vgl. Abs. 2) verdeutlicht, dass die Möglichkeiten des Messens durch Phantasie und Kreativität beliebig erweiterbar sind. Messen ist ein Vergleichen von Vergleichen, die miteinander verglichen werden... Messen ist nicht umsonst die Lieblingstätigkeit eines engagierten Qualitätsbeauftragten. Messvorgänge müssen weder zwangsläufig in sinnvoll optimierten Prozessbeschreibungen noch in plausiblen Rentabilitätsberechnungen eine natürliche Begrenzung finden.

So werden im QM nicht nur die tatsächlichen Kosten, sondern auch die Produkt- und Herstellungsqualität in aufwendigen Verfahren und auf nimmer Wiedersehen aus den Prozessen heraus gemessen. Wir haben gesehen, was Kennzahlen in Privatunternehmen und im Bereich der öffentlichen Verwaltung alles anrichten können. Nicht nur die hergestellten Produkte und die angebotenen Dienstleistungen verschlechtern sich unter dem Regime des QM stetig weiter. Wenn Mitarbeiter den Spieß umdrehen und ihrerseits nur erfüllen, was nach den Kennzahlvorgaben erfüllt werden muss, sind die Folgen verheerend.

Problemmessungen und entsprechende Problemkennzahlen sind in den komplexen sozialen Prozessen des QM an der Tagesordnung. In Kapitel II und III wurde gezeigt, dass die tieferen Ursachen für dieses Versagen in einer zu großen Differenzierungstiefe der Prozessanalysen liegt: Der Einbau von Fehlern und bewussten Manipulationen ist so unvermeidbar. Zementiert werden diese Fehler im weiteren Ablauf des Qualitätsverfahrens mit Hilfe detaillierter Prozessvorschriften, die ein dauerhaftes Festhalten an Unsinnigkeiten garantieren. Auch kreative und kluge Manager und Mitarbeiter können dann nicht mehr viel retten.

Mit dem Benchmarking wird die Verfahrenheit der Situation schließlich vollends verfestigt. Die Konkurrenz wird die wirklich interessanten Vergleichsdaten so lange wie möglich zu hüten wissen und in ihrem Interesse schönen.[65] Wenn schließlich Daten vorliegen, die zu einem Benchmarking herangezogen werden können, stellt sich die Frage, was da am Ende wirklich verglichen wird. Denn wenn Gemessenes von einer Organisation mit dem Gemessenen aus einer anderen Organisation verglichen wird, handelt es sich meist um Unterschiedliches. In den nachfolgenden Beispielen dieses Kapitels wird verdeutlicht, dass sich das Benchmarkspiel allzu oft nicht nur in Bezug auf unwichtige Kennzahlen als Unsinn erweist, sondern auch in Bezug auf die maßgeblichen „Stellschrauben" des QM versagt.

---

[65] Auch öffentliche Institutionen scheuen nicht davor zurück, Daten entsprechend aufzubereiten. So erfahren Ministeriumsabteilungen in Bund und Ländern immer wieder traurige Aufmerksamkeit, wenn bekannt wird, dass statistische Aussagen z.B. zu Armut, Arbeitslosigkeit und Staatsverschuldung beschönigend bereinigt wurden.

Wenn nach Abschluss der Qualitätsmaßnahmen ein Zahlenwerk präsentiert wird, dass eine Kostensenkung und damit Gewinnerhöhung vermuten lässt, sollte man also genau hinschauen. Die mutmaßlichen Gewinne durch QM-Maßnahmen können in aller Regel nicht belegt werden, sondern müssen mühselig herbeigeträumt werden. Dort wo heute echte Einsparungen zu verzeichnen sind, geht dies zumeist auf das Konto von besserem know how, von Mitarbeitern, die sich trotz alledem nicht entmutigen lassen[66] und von Weiterentwicklungen im (Informations-) Technologiebereich, von Umständen also, die vom QM gern vereinnahmt werden, die aber nichts mit dem QM zu tun haben.

Während einerseits Kosteneinsparungen und Gewinne nur vage vorhergesagt, vermutet und erhofft werden können, schlagen die tatsächlichen Kosten jedoch sofort zu Buche. Da sind die Einstiegskosten für die Ausbildung der Qualitätsbeauftragen, Qualitätsmanager und internen Qualitätsauditeure, die Kosten für die Einrichtung ganzer „Qualitätssicherungs"-Abteilungen, die Kosten für Mitarbeiterfortbildungen, die Kosten für Audits und für Zertifizierungen... Und da es hier schließlich um „ständige Verbesserung" geht, haben die Zertifizierungen nur eine sehr begrenzte Gültigkeitsdauer. Die Kostenspirale geht somit bald wieder von vorne los. Hinzu kommen die im vorigen Abschnitt beschrieben Kosten, die im QM meist ignoriert werden (Kosten für die Management- und Mitarbeitereinbeziehung, die Kosten für den durch die Arbeitsgruppensitzungen und notwendige Erhebungen bedingten Zeitausfall, die Kosten für weitere Informationstechnologie...)

Im QM sollen die in den Arbeitsprozessen stehenden Mitarbeiter einer möglichst vollständigen Kontrolle unterworfen werden. So sind neben den Kosten, die für die Ein-

---

[66] Giselind Roßmann beschreibt anhand vieler Beispiele wie Mitarbeiter schließlich auch die durch QM-Maßnahmen ausgelösten Probleme, die nicht selten die gesamte Existenz eines Unternehmens bedrohen, abwehren konnten. Vgl. G. Roßmann: Die Rolle der Betriebsräte im Qualitätsmanagement. In H. Wächter und G. Vedder (Hrsg.), a.a.O., S. 165ff.

führung des QM-Systems zu begleichen sind, die Kosten für dauerhaft zu erbringende Fremd- und Selbstkontrollen zu berücksichtigen (die in aller Regel ebenfalls nicht in die Kostenaufstellungen des QM einfließen). Mitarbeiter müssen nicht nur ausführliche Kontrollbögen zu ihren Arbeitsleistungen führen. Auch die jeweiligen Vorgesetzten sind im QM verpflichtet, die Arbeitsleistungen ihrer Untergebenen kontinuierlich in differenzierter Form zu beobachten, festzuhalten und zu bewerten. Ein bürokratischer Wasserkopf, neben dem sich die frühere DDR-Planwirtschaft geradezu bescheiden ausnehmen würde, wird so gehätschelt, gepflegt und vor allem teuer finanziert.

Im Zusammenhang mit den kontinuierlichen Kontrollkosten im QM steigen natürlich auch die allgemeinen Verwaltungskosten an. Nicht nur das QM-Handbuch muss erstellt und ständig aktualisiert werden. Es müssen unternehmensübergreifend Hintergrundkapazitäten geschaffen werden, um die Ergebnisse des stetigen Messens, Wiegens und Zählens aufzunehmen und weiter zu verarbeiten. Schließlich verleitet das vorhandene Datenmaterial zu immer neuen „Analysen" und Veränderungsprozessen. Auch wenn die Technologieentwicklung der letzten Jahrzehnte die enormen Kosten, die hiermit verbunden sind, zum Teil auffangen kann, gibt es Bereiche der Anwendung des QM, in denen diese Kosten heute ohne Ausgleichsmöglichkeiten explodieren. Vor allem im Dienstleistungsbereich, in Schulen und in Krankenhäuser benötigen Mitarbeiter einen beträchtlichen Teil ihrer Arbeitskapazitäten zur Dokumentation von Tätigkeiten (anstatt für die Ausführung dieser Tätigkeiten). Das insbesondere in diesen Bereichen die klassischen Milchmädchenrechnungen des QM zu Buche schlagen ist nicht verwunderlich. Denn anders als im gewerblich-technischen Bereich werden hier die Maßnahmen des QM von allen Beteiligten oft sehr ernst genommen und akribisch umgesetzt. Bedingt durch die mangelhaften Ausgleichsmöglichkeiten der anfallenden Kosten durch technologische Fortschritte, ist hier der volkswirtschaftliche Schaden durch das

QM weitaus größer als im Bereich der industriellen Privatunternehmen.

Wie in den vorigen Kapiteln beschrieben wurde, entstehen Kostenprobleme im öffentlichen und privaten Sektor aber nicht nur durch die Einführung und Aufrechterhaltung des QM-Systems selbst. Die weiteren QM-Konsequenzen, also vor allem die Reduzierung der Mitarbeitermotivation, der stetige Wissensverlust, die zunehmende Reduzierung des Managements auf ein bloßes Controlling und schließlich die stetig sinkende Produktqualität, vermitteln eine Ahnung um die tatsächlichen Dimensionen der QM-Gesamtkosten.

4.6. Beispiele zur Kostenproblematik

Beispiel: Vergleich von in- und ausländischer Produktion mit den Kennzahlen „durchschnittliche Personalkosten", „Personalkosten pro produzierte Einheit", „Personalkostenanteil an den Produktkosten", „Personalkosten am Verkaufspreis" usw.

Für viele mittelständische Industrieunternehmen ist es angesichts des Lohnkostenvergleichs verlockend, ihre Produktion ins Ausland zu verlegen. Wenn hinzukommt, dass die Bedingungen im ausgewählten Land hinsichtlich weiterer Kennzahlen z.B. zur Infrastruktur, zur Personalqualifikation und zur Rohstoffversorgung einen guten Eindruck machen, scheint die Entscheidung einfach. So wurden in den letzten Jahren rund 5% aller Arbeitsplätze an einen Standort im Ausland verlegt.

Dennoch mussten etliche Unternehmen schmerzlich erfahren, dass „Billiglöhne" nur eine Seite der Medaille sind und haben zwischenzeitlich die Produktion wieder in die Heimat zurückverlegt.[67] Unterschätzt wurden bei der Aus-

---

[67] Nach einem Beitrag im ZDF-Magazin „Plusminus" von Ingo Blank und Wolfgang Wirtz-Nentwig vom 17.10.06;
www.tagesschau.de/aktuell/meldungen/0,1185,OID6010818,00.html

landsverlagerung die Kosten für Kommunikationsprobleme, die meist nicht nur sprachlicher, sondern auch kultureller Art sind. Mehrkosten für den Warentransport und Transportschäden, für zusätzliche Qualitätskontrollen, für die Auseinandersetzung mit steuerlichen, allgemein rechtlichen, importrechtlichen usw. Fragen und die damit in vielen Billiglohnländern eng verbundenen Schmiergeldzahlungen werden meist ebenfalls zu niedrig angesetzt. Auch die Kennzahlen zur Infrastruktur erweisen sich in der Praxis meist als nur eine Seite der Medaille. Niedrige Energiekosten beispielsweise können sich als sehr teuer erweisen, wenn das Versorgungssystem – wie in Schwellenländern oft üblich – häufig ausfällt und dabei zusätzlich die Billigmitarbeiter zur Untätigkeit zwingt.

Unterschätzt werden aber vor allem – und das nicht nur von Mittelständlern – die Verluste, die in der Auslandsproduktion allein durch Wissens- und Patentklau entstehen. „Wir haben die Leute dort geschult, wie man Systeme herstellt und wie man die verarbeitet. Die dadurch hoch qualifizierten Mitarbeiter sind dann abgewandert, haben sich teilweise selbstständig gemacht oder sind auch zu Wettbewerbern gegangen – und haben das know how mitgenommen"[68] so ein Mittelständler, der seine Produktion aus Polen wieder nach Deutschland zurückverlagerte. Ein anderer Unternehmer hat in China ähnliche Erfahrungen gemacht: „Man hat ganz genau versucht, diese Schlüsseltechnologie in eigener Regie zu produzieren, und ich bin von höchster Stelle ausgeplündert worden. Die Produktion, die wir aufgezogen hatten, war nur eine Täuschung, um mein Vertrauen zu gewinnen."[69] Anstatt eine Vormachtsstellung auch im Billiglohnland zu ergattern, werden mittelfristig auf diese Weise die eigenen Heimstandorte durch selbst geförderte ausländische Konkurrenz gefährdet.

---

[68] nach Ingo Blank und Wolfgang Wirtz-Nentwig, a.a.O.
[69] nach Ingo Blank und Wolfgang Wirtz-Nentwig, a.a.O.

Beispiel: Vergleich von Verwaltungen mit der Kennzahl „Gesamtarbeitszeit je Fall"

Im Zuge von Verwaltungsreformen und Einsparungsnotwendigkeiten im öffentlichen Bereich hat das QM auch dort Einzug gehalten. Mit Hilfe der Kennzahl „Gesamtarbeitszeit je Fall" soll bspw. ermittelt werden, wo vergleichsweise besonders effektiv gearbeitet wird und wo nicht und wo auf dieser Grundlage Stellen einzusparen sind. Die Frage ist jedoch, wie die relevanten Daten erhoben werden können und vor allem, welches die relevanten Daten überhaupt sind.

Da Verwaltungsfachleute selbst meist wissen, welche Problemlagen mit der Kennzahl „Gesamtarbeitszeit/Zeit je Fall" verbunden sind, lassen sie lieber die Finger davon. Man verpflichtet deshalb im öffentlichen Dienst gern weniger wissende Außenstehende – also z.b. Unternehmensberater verschiedener Qualifikation - für Qualitätsaufgaben. Da aber auch hier gespart werden muss, kann es schon geschehen, dass einem Praktikanten die Aufgabe übertragen wird, herauszufinden, wo und wie Personal abgebaut werden kann. So geschehen in einer kleinen Gemeinde, in der ein Student der öffentlichen BWL, der sich noch im Grundstudium befand, in eine solche Notlage versetzt wurde.

Der arme Praktikant wandte sich nun – sonst könnte hier nicht darüber berichtet werden – um Hilfe bittend an ein Internetforum zum Controlling. Dort wurde ihm die Ermittlung der Kennzahl „Gesamtarbeitszeit/ Zeit je Fall" ans Herz gelegt. Es wird ihm nicht viel genützt haben, denn das Amt, für das diese Kennzahl ermittelt werden musste, war das Bauverwaltungsamt. Der Studentenpraktikant beklagte, dass er nicht einmal die Arbeitsprozesse nachvollziehen kann und dass außerdem „fast alles gesetzlich geregelt ist". Man kann sich vorstellen, welche Art von Schaden eine solche „Untersuchung" bei den Mitarbeitern des Bauverwaltungsamtes angerichtet haben wird. Man kann sich vorstellen, wie diese den seinerseits ebenfalls unschuldigen Praktikanten, der ihre Stellen auf Einsparungsmöglichkeiten hin untersuchen sollte, auflaufen ließen, bloßstellten oder bestenfalls bemitleideten.

Aber gehen wir einmal davon aus, eine solche Untersuchung verliefe ein wenig professioneller als in diesem traurigen, aber leider nicht untypischen Beispiel. Es bleiben dennoch unlösbare Probleme:
- Die Komplexität der meisten Verwaltungsabläufe bedingt, dass bei der Beschreibung von Verwaltungshandeln den überschaubaren quantitativ messbaren Zahlen (Arbeitszeit, Fallzahl, Papierverbrauch...) eine Unzahl kaum messbarer Inhalte gegenübersteht (Fachwissen und Engagement der Mitarbeiter, inhaltliche Qualität der Bürgerbetreuung, inhaltliche Qualität der internen Abläufe usw.)
- Verwaltungen sind – selbst wenn die Ämter den gleichen Namen tragen – oft kaum miteinander vergleichbar. Aufgaben, die in einer Kommune vom Sozialamt übernommen werden, erledigt in der nächsten das Gesundheitsamt. Aufgaben des Haupt- und Personalamtes in Stadt A werden in Stadt B oft in den Fachämtern erledigt usw.
- In QM-Prozessen werden Kennzahlermittlungen meist nicht offen als Prozesse beschrieben, die Einsparungen zur Folge haben sollen, sondern als notwendiger Schritt zu einer tatsächlichen Qualitätsverbesserung. Mitarbeiter, die sich nicht ernst genommen bzw. hintergangen sehen, werden ihre ganze Energie in Verhinderungs- und Blockierungsaktivitäten setzten. Die Rahmenbedingung der Komplexität in Verwaltungen eröffnet ihnen dazu unbegrenzte Möglichkeiten.
- Fallzahlen lassen sich manipulieren. Auch hier ist die gegebene Verwaltungskomplexität Garant dafür, dass die Fallzahlen durch eine entsprechende Bearbeitungsart recht beliebig hoch- oder hinunter getrieben werden können.

Fallzahlen sagen im Verwaltungsbereich nicht das aus, was Controller und Qualitätsmanager sich wünschen. Der Preis für entsprechende Erhebungen, die dennoch durchgeführt werden, ist hoch. Er kostet nicht nur die Zeit und Energie der Mitarbeiter, sondern vor allem ihre Motivation und ihr Engagement. Und dies meist nachhaltig. Die Kernfrage nämlich: "Wie können Verwaltungsabläufe verbessert und effizienter werden?", gerät mit jeder sinnlosen Kennzahlermittlungsfragebogenaktion ein weiteres Stück in den Hintergrund.

Sollten die Ergebnisse derartiger „Untersuchungen" aber ernst genommen werden und tatsächlich den Mitarbeitern Sollwerte vorgegeben werden, wird es meist richtig teuer. Mitarbeiter werden ihre Energie nun mehr in die Bedienung der Standard- und Kennzahlwerte als in sinnvolle Fallbetreuung stecken. Und dies wird Konsequenzen haben für das, was da so einfach „Fall" genannt wird. Denn tatsächlich handelt es sich hierbei – was im ganzen Verwaltungs-Kennzahlbetrieb meist vergessen wird - um Bürger aus Fleisch und Blut, die sich weder als Nummer noch als Kennzahlrepräsentant verstanden wissen wollen.

Kostspielig ist vor allem die Bearbeitung von Widersprüchen und Klagen von solchen Bürgern, die die durch Qualitätsmaßnahmen bedingte Willkür und Schlamperei nicht auf sich sitzen lassen wollen. Eine in ihren Aufgaben ohnehin schon überlastete Bürokratie wird durch die qualitätsgemanagte Handlungsunfähigkeit immer weiter blockiert. Es stellt sich also die Frage: „Wer kontrolliert die Controller? Wer überprüft die Qualität der Qualitätsmanager?". Die kommunale Gemeinschaftsstelle für Verwaltungsmanagement (KGSt) hat es sich zur Aufgabe gemacht, ihren Mitgliedskommunen hier eine besondere Hilfestellung zu geben. So wurde 1996 ein interkommunales Netz (IKO-Netz) gegründet. Das IKO-Netz führt Vergleichsprojekte durch, in denen kommunale Leistungen mit Hilfe von Kennzahlen gemessen und verglichen werden. Wer aber hofft, dass in diesem Rahmen den Mess- und Kennzahlen in einer fachlich fundierten Auseinandersetzung ein wenig Leben eingehaucht wird, hofft vergebens. Das IKO-Netz versucht allen Mitgliedsgemeinden gegenüber zu demonstrieren, dass es sich selbst auch wirklich nur an die eigene begrenzte Kennzahllogik hält[70]. Nicht die Inhalte ihres Tuns wollen dessen Mitarbeiter verbessern, sondern die Kennzahlen, die vorgeben, diese Inhalte zu messen: Als Ziel legte das IKO-Netz eine Steigerung der Kunden-Gesamtzufriedenheit auf 90% mit einem Mindestanteil von 30% (im Jahr 2005 waren es nach einer Befragung 25%) sehr zufriedenen Kunden für 2007 fest.[71] Verständlich, dass bei solch hehren Zielen, die Antwort auf die Frage nach dem wie und wo und vor allem mit wem zu welchem günstigen Zeitpunkt unter welchen angenehmen Nebenbedingungen gemessen wird, letztlich bedeutungsvoller ist als die Lösung inhaltlicher Problemstellungen. Dennoch - in wenigen Jahren könnte sicherlich mit Hilfe solcher großzügigen und stetigen Verbesserungssprünge eine Gesamtzufriedenheit von 100% bei 99,9 % sehr zufriedenen Kunden gemessen werden. Wenn dann alles Vergleichbare verglichen wurde, wenn jede Gemeinde nach den Kennzahlstatistiken ganz genau ebenso arbeitet wie jede andere, kann dann ebenso folgerichtig erwartet werden, dass sich diese Art einer gleichmacherischen Planwirtschaft von ganz allein erübrigt?

Beispiel: Umwandlung einer Forschungseinrichtung in ein Profitcenter-Unternehmen - Kennzahl „Deckungsbeitrag pro Profit-Center"

Um ein privates, medizinisches Forschungsinstitut profitabler zu machen, wurde die Einrichtung neu strukturiert und einzelne Abteilungen als sog. „Profitcenter" geführt. Für jedes Profitcenter werden die dort anfallenden variablen (beschäftigungsabhängigen) Kosten, einschließlich anteiliger

---

[70] R. Korte und A. Stallmeyer: Instrumente anwenden, die man anderen empfiehlt. In: Innovative Verwaltung, Heft 1-2, 2006, S. 18-21
[71] Vgl. R. Korte und A. Stallmeyer (2006), a.a.O., S. 20

Gemeinkosten[72] ermittelt. Ebenso wird jedem Center ein (fiktiver) Anteil vom Gesamtumsatz zugeschrieben. Die Differenz beider Summen ergibt dann den Deckungsbeitrag für diese Abteilung.

In der ersten Planungsphase sollten die erforderlichen Zeiten und Kosten den einzelnen Forschungsprojekten genau zugeordnet werden, um späteren Auftraggebern präzise Angebote machen zu können. Die entsprechenden Erhebungen bezogen in diesem Zusammenhang auch die notwendigen Personalkosten, differenziert nach den unterschiedlichen Qualifikationen der Mitarbeiter, mit ein.

Bereits in dieser Erhebungsphase traten Probleme auf, da die als notwenig erhobenen Mitarbeiterzeiten zukünftige Projekte schon hier in erheblichem Umfang zu verteuern schienen. Worauf war dies zurückzuführen? Die Mitarbeiter hatten im Bewusstsein der kommenden Veränderungen ihre Tätigkeiten besonders sorgfältig dokumentiert. Arbeitsschritte, die nach den Vorschriften (Arbeitsschutz, bestimmte Vorschriften zum Umgang mit den Probanden und den Testgeräten usw.) zwar erforderlich waren, die aber in der regulären Praxis nicht vollständig Berücksichtigung fanden, wurden nun akribisch befolgt. Auch die den jeweiligen Arbeitsschritten zugeordneten beruflichen Qualifikationen erschienen Insidern als radikale Veränderung der tatsächlichen Verhältnisse. Vor allem stiegen die als notwendig angesetzten Zeiten der hoch bezahlten Mitarbeiter.

Die so erhöhten Ansätze für die Mitarbeiterkosten waren aber nicht das einzige Problem. Die neuen Kontrollmechanismen, die notwendigen Datenerhebungen und -verarbeitungen, die ja auch nach der Bestandserhebungsphase weiter in erheblicher Höhe anfielen, machte die Leistungen des Instituts erheblich teurer als sie vorher gewesen waren. Ziel der ganzen Maßnahmen sollte aber gerade eine Kostensenkung sein. So wurden die entsprechenden Daten der Ist-Analyse für die weitere Planung pauschal gekürzt. Dies

---

[72] Gemeinkosten sind z.B. Kosten für das Management, für die Verwaltung und die Datenaufbereitung.

führte zum einen zu erheblichen Problemen mit den Mitarbeitern, die teilweise in Kündigungen und damit in einen Wissensverlust auf der Personalebene mündeten. Durch die hierarchisch bedingten Gegebenheiten waren überdies die Mitarbeiter der unteren Hierarchieebenen überproportional von den pauschalen Kürzungen betroffen. Sie erfuhren insofern eine „doppelte Kürzung" als ihre Tätigkeiten schon bei den Bestanderhebungen nachteilig berücksichtigt worden waren. Welche Auswirkungen hatte nun die neue Situation? Wie wurden die vor allem durch die neuen Prüf- und Dokumentationsanforderungen gestiegenen Kosten und die überproportionalen Kürzungen auf der ausführenden Mitarbeiterebene wieder wettgemacht. QM-Insider werden es bereits wissen. Der auf die oben beschriebene Weise „nachweisbar gemachte" Erfolg bzw. Verlust jeder einzelnen Abteilung führte zu großen und kleinen Manipulationen auf allen Ebenen des Instituts. Da wurden Probanden eines Tests auch für Tests in der Statistik geführt, an denen sie gar nicht teilnahmen. Da wurden „signifikante" Ergebnisse auch schon mal herbeigerechnet. „Projekte, die aufgrund der erhobenen Daten erfolglos waren und Kunden hätten kosten können, konnte sich das Institut nicht mehr leisten", so ein ehemaliger Mitarbeiter. Der Erfolgsdruck wurde stärker, auf allen Ebenen wurden Freiräume eingeschränkt. Gerade diese Freiräume, die im Allgemeinen als Voraussetzung innovativer Forschung gesehen werden, entscheiden über Ruf und Namen eines Instituts.

Neben der Forschung selbst ist in diesem Konzept natürlich vor allem die Art und Weise der Berechnung des Deckungsbeitrags eines jeden Profit-Centers Gegenstand phantasievoller Manipulationen. Vor allem die Zuordnung entsprechender Umsatzerlöse zu einer einzelnen Unternehmenseinheit kann nicht sauber „ausgerechnet" werden, sondern wird maßgeblich immer auch machtpolitisch bestimmt. Bleibt für das obige Beispiel noch anzumerken, dass in diesem Institut die Kostenproblematik trotz der eingeleiteten Maßnamen nicht zufriedenstellend gelöst werden konnte und sich zwischenzeitlich weitere Berater des Problems annehmen mussten.

Beispiel: Vergleich von Arztpraxen mit der Kennzahl „Personalkostenquote"

Ein Unternehmensberater wirbt damit - staatlich gefördert - „Praxisreserven" ausfindig zu machen und weist an einem Praxisbeispiel als Zeichen seines Wissens darauf hin, dass eine vergleichsweise erhöhte Kennzahl „Personalkostenquote" (Personalkosten in Bezug zu Gesamtumsatz) nicht zwangsläufig bedeutet, dass hier zuviel Personal beschäftigt ist. Mit der weiteren Kennzahl „Monatsumsatz pro Helferin" (die in diesem Beispiel einen durchschnittlichen Wert hat) meint er die Aussage belegen zu können, dass die Arbeitseffektivität des Teams und die Ablauforganisation der Beispiel-Praxis gesund sind und somit nicht zu viele Helfer eingestellt sind. Das Problem sind nach dieser „Analyse" erhöhte Personalkosten und der Berater empfiehlt entsprechend das „Gehaltsniveau anzupassen".

Der Schluss, dass die Anzahl der Helferinnen „genau richtig ist", wenn ein gemessen an anderen Praxen durchschnittlicher Umsatz je Helferin ermittelt wird, ist weit herbeigeholt. Die Kennzahl „Monatsumsatz pro Helferin" sagt leider nicht mehr aus als das sie das Verhältnis des Gesamtumsatzes der Arztpraxis zur Gesamtzahl der Helferinnen bestimmt. Welchen Beitrag die Helferinnen zu diesem Umsatz leisten – und das wäre hier wohl die Gretchenfrage – ist völlig ungewiss. So wird der Beitrag der Helferinnen nicht nur individuell unterschiedlich sein, er kann im Verhältnis z.B. zum Umsatzbeitrag des Arztes besonders hoch (wenn die Helferin z.B. ein Profi für Kassenabrechnung ist) oder besonders niedrig (wenn die Helferin z.B. die Patienten vergrault) sein. Neben der Leistung des Arztes haben aber noch weitere Umstände Einfluss auf den Umsatz: die Patientenstruktur (höherer Umsatz bei mehr Privatpatienten), die Verordnungsstruktur, die Behandlungsstruktur (wie lange werden welche Behandlungsmaßnahmen zu welchen Kostenkonditionen durchgeführt), dem Geräteeinsatz, Spezialisierungen auf bestimmte Behandlungsfelder etc.

Nehmen wir aber an, dass durch weiteres Messen und Wiegen der Schluss gezogen werden könnte, dass all diese Umstände „genau so sind wie in durchschnittlichen Vergleichspraxen", es sich also bei der Praxis um eine durchschnittliche Durchschnittspraxis handelt und am Ende wirklich vermutet werden könnte, dass die Helferinnen besser bezahlt werden als die Durchschnittlichen. Der Arzt würde das Lohnniveau entsprechend anpassen, also senken. Der Praxisberater geht nun in die nächste Praxis und stellt beispielsweise fest, dass dort das Lohnniveau niedriger ist als in den Vergleichspraxen. Was wird dann sein Rat sein? Die Lohnkosten zu erhöhen? – Wohl kaum. Die niedrigeren Lohnkosten werden aber nun in seine Kennzahl „durchschnittlicher Lohn pro Helferin" eingehen und den optimalen Wert dieser Kennzahl senken.

Am Ende kann in solchen Qualitätsverbesserungsprozessen der ganze Durchschnitt nicht durchschnittlich bleiben. Er muss unweigerlich immer unterdurchschnittlicher werden! Schade, dass sich der Steuerzahler bei solchen Verschlimmbesserungsuntersuchungen, die auch seiner Gesundheit am Ende schaden werden, beteiligen muss. Schade vor allem für die Arztpraxen, die sich ernsthaft auf solche „Analysen" verlassen und dann böse erfahren müssen, dass sich Personal und Patienten und vor allem die gesetzlichen und privaten Krankenkassen (was heute lukrativ ist, wird morgen schon aus dem Leistungskatalog genommen) nicht kennzahlgerecht handhaben lassen.

5. Wie Qualitätsmanagement das Management entmachtet

5.1. In den eigenen Strukturen gefangen: QM als innerer Schraubstock von Organisation und Management

Jahrzehntelang stand vor allem ein Managementproblem im Vordergrund: das der vielen, oft unsinnigen Vorschriften, die auf allem denkbaren und undenkbaren Gebieten einzuhalten sind. Die komplizierte Steuergesetzgebung, Prüfprozeduren und Normungsvorschriften, Ex- und Importauflagen und etliche weitere ausufernde Bestimmungen im Wirtschaftsrecht waren immer wieder Anlass für die Forderung nach Vereinfachung, nach Beschränkung auf das Notwendige, eben für die Forderung nach einer Lockerung dieses äußeren Schraubstocks.

Mit der Einführung des QM unterwerfen sich Unternehmen nun selbst Regelwerken und Vorgehensvorschriften, die den äußeren Zwängen in nichts nachstehen. Nach einer anfänglichen „Planungsfreiheit" ist alles sauber und ordentlich in Prozessvorschriften abgelegt, sortiert, organisiert und reglementiert. Und dieser innere Schraubstock wird immer weiter angezogen. Er umfasst heute nicht nur die Regelung von Arbeits- und Ablaufprozessen, sondern greift ganz selbstverständlich nach Bereichen, die in den Zeiten als man sich auf den äußeren Schraubstock konzentrierte, als gar nicht einzwingbar galten: auf Gefühle und Gedanken. So wird mancherorts überlegt, ob Kriterien wie das „Anlächeln des Kunden" zur Einhaltung des Qualitätsstandards „Freundlichkeit" nicht in die Vorschriften aufgenommen werden sollten. Aber das Lächeln kann im streng durchorganisierten Qualitätsmanagement nicht nur auf diese Weise zu (Falten-)Strukturen gefrieren. Auch Kreativität und Erfindergeist sollen im QM normgerecht hergestellt werden. In Organisationstheorien wird im Allgemeinen davon ausgegangen, dass die Ausbildung dieser Fähigkeiten im Organisationsalltag ein gewisses Maß an Freiheit und Zufriedenheit erfordert. Unternehmen sollten danach auch Mitarbeitern, die nicht zum Management gehören, entsprechende innovationsfreundliche Freiräume bieten.

Qualitätsmanager konnten aber das Ministerium für Wirtschaft und Arbeit (BMWA) überzeugen, dass solche teuren Rahmenbedingungen nicht erforderlich sind. Mit Steuermitteln ausgestattet machte man sich an den Versuch, „systematische Innovationsmethoden" zu ermitteln.

Probleme sollen dafür in „Standardprobleme" überführt werden, die dann mittels „allgemeiner Prinzipien" in „Standardlösungen" münden.[73] Auf diese Weise soll selbst das, was früher als Geniestreich galt, nicht mehr dem Zufall überlassen bleiben, sondern standardisiert und festgelegt werden. „Innovation" wird zur Ware von der Stange – standardisierte Stangenware zur Innovation. Wenn dann das Management mit Hilfe solcher Methoden „geschult" wird, ist auch dieses Ziel erreicht: der normierte Organisationslenker.

Den letzten Schliff erhält der innere Schraubstock von Organisationen schließlich durch den Vergleich mit dem inneren Schraubstock von anderen Organisationen. Nachdem die „best practice" mit Hilfe entsprechender Vergleiche (Benchmarking) gefunden und umgesetzt wurde - „Was die können, können wir auch" - hat man am Ende auch die Normierungen genormt. So werden sich die Bilder der inneren Fesselung ganz unterschiedlicher Organisationen immer ähnlicher und scheinen damit immer gerechtfertigter, immer normaler und anstrebenswerter. Echte und verantwortungs-

---

[73] FQS-DGQ-Band 86-03 (2003). Qualitätsgerechte Prozesskettenoptimierung mit Hilfe systematischer Innovationsmethoden (IPO), Frankfurt/Main: Forschungsgemeinschaft Qualität e.V. (FQS), S. 8

volle Managemententscheidungen – eben die, die das „Unentscheidbare entscheiden"[74] - werden in diesem Rahmen von niemandem ernsthaft erwartet. Der innere Schraubstock hat auch die obersten Hierarchen in seine Zwingen gefasst.

5.2. Wie konnte es soweit kommen?

Die Fülle der scheinbar freiwilligen Zwänge, denen sich heutige Organisationen mit dem QM unterwerfen, wirft natürlich die Frage nach dem Warum auf. QM-Betroffene schrecken manchmal nicht davor zurück, zur Erklärung auf Verschwörungstheorien zurückzugreifen. In Anbetracht des Ausmaßes der heutigen QM-Entwicklung, den damit verbundenen Ängsten und Befürchtungen, erscheint der Glaube an eine große Verschwörung verständlich. Bei Licht betrachtet sind es aber doch wohl andere, von dunklen Mächten recht weit entfernte Gründe, die die heutige festgezurrte Situation herbeiführten.

Einer dieser Gründe ist der Bedarf des Managements an Unterstützungsleistungen. Wenn junge Manager ihre erste Stelle antreten, machen sie die Erfahrung, dass in der Praxis ganz andere Dinge wichtig sind als die, die Inhalt ihres Studiums waren. Ihr mühsam erworbenes Methodenwissen erweist sich als wenig hilfreich. Die betriebswirtschaftlichen Modelle müssen sie möglichst schnell vergessen und sich stattdessen damit beschäftigen, was in ihren Studentenvorle-

---

[74] Heinz von Förster hat auf diesen Sachverhalt mit der These verwiesen: „Nur *die* Fragen, die prinzipiell unentscheidbar sind, können *wir* entscheiden". „Warum? Einfach, weil über entscheidbare Fragen schon immer durch die Wahl des Rahmens, in dem sie gestellt werden, entschieden wird... Antworten auf entscheidbare Fragen sind von Notwendigkeiten diktiert (bezogen auf den obigen Zusammenhang: den Notwendigkeiten der QM-Logik – Anmerkung d. Verf.), während Antworten auf unentscheidbare Fragen durch die Freiheit unserer Wahl bestimmt werden. Aber für diese Freiheit der Wahl müssen wir die Verantwortung tragen." Heinz von Förster (1993). KybernEthik. Berlin: Merve, S. 153

sungen bestenfalls den Stellenwert einer vernachlässigbaren Randbedingung hatte.

Vor allem in der Disziplin „Macht und Spiele" werden nun Höchstleistungen von ihnen erwartet. Sie müssen lernen Regeln einzuhalten, die an sich gar nicht so schwer verständlich sind, die aber in der Umsetzung eine hohe Kunstfertigkeit erfordern. Oswald Neuberger beschreibt solche Spielregeln wie folgt:
- Mache dich unentbehrlich!
- Wer fordert, muss geben! Für jede Bitte sollte eine Gegenleistung in Aussicht gestellt werden können: Man darf sich nicht zu sehr „verschulden".
- Nicht alle Informationen, Absichten und Beziehungen offen legen! Um für andere unberechenbar zu sein, ist es wichtig, sie im Unklaren über die eigenen Möglichkeiten zu lassen.
- Bei Entscheidungen zuerst auf die Personen, dann auf die Sachen achten!
- Den gefährlichsten Gegner zuerst ruhig stellen!
- Den wichtigsten Bündnispartner zuerst befriedigen!
- „Geliehene" Macht ins Spiel bringen (Beziehungen zu Mächtigeren andeuten) usw. usw.[75]

Solche Spielregeln hören sich gut an, ihre Plausibilität leuchtet ein und dennoch kann mit ihrer Hilfe nicht einfach drauflos gespielt werden. Die enge Verzahnung von Fachlichkeit und machtpolitischen Argumenten und Handlungen, die jeweiligen persönlichen strukturellen Einbindungen und Verpflichtungen, die geschriebenen und ungeschriebenen Gesetze der jeweiligen Organisationskultur grenzen die individuellen Spielmöglichkeiten empfindlich ein.

Wie soll also den machtpolitischen Herausforderungen im organisationalen Alltag ganz konkret begegnet werden?

---

[75] Vgl. O. Neuberger (1992). Spiele in Organisationen, Organisationen als Spiele. In W. Küpper und G. Ortmann (Hrsg.). Mikropolitik. Rationalität, Macht und Spiele in Organisationen. Opladen: Westdeutscher Verlag, S. 60 und 63

Auch die Organisationstheorie hilft hier meist nicht weiter. Die Konzepte z.b. der „lernenden Organisation", der „Unternehmenskultur" oder gar des „systemischen Managements" nehmen die Thematik „Macht und Spiele" zwar auf, verschlimmern aber alles durch weitere Komplexität, durch mangelnde Plausibilität und viel zu viele offene Widersprüche[76]. Auch bei den bedeutend einfacher gestrickten Managementmethoden werden hilfesuchende Manager nicht fündig. Denn diese Konzepte zeichnen sich dadurch aus, dass sie nur punktuell ansetzen. Mit dem Shareholder Value–Modell, der Budgetierung, dem Outsourcing, der Time Based Competition und wie sie alle heißen kann immer nur ein Problem des Managens gehandhabt werden und während sich an diesem versucht wird, verselbstständigen und vervielfachen sich alle anderen Probleme gänzlich unkontrolliert.

Das QM verspricht demgegenüber nicht nur restlos alle Probleme in den Griff zu kriegen, sondern darüber hinaus diese Problembewältigung nach einer immer gleichen, einfach zu erlernenden und aus der Betriebswirtschaftslehre schon bekannten Methode zu leisten. Die auf den ersten Blick scheinbar enge Verzahnung der QM-Normen mit Normierungen aus dem Bereich der Mess- und Prüftechniken fördert darüber hinaus die Erwartung, auch Managementprobleme einfach mess- und prüfbar, in kleinen Diagrammen anschaulich darstellbar und so beherrschbar zu machen.

Der Totalisierungsanspruch ist damit ein weiterer Grund für die heute festzustellende Verselbstständigung des QM. Denn während beispielsweise Stabsabteilungen und Pro-

---

[76] Zur Widersprüchlichkeit des Konzeptes der „lernenden Organisation" vgl. S. Kühl (2000). Das Regenmacher-Phänomen. Widersprüche und Aberglaube im Konzept der lernenden Organisation. Frankfurt/New York: Campus und zur Widersprüchlichkeit systemtheoretisch fundierter Konzepte B. Warzecha (2008). Zur Problematik der Übertragung systemtheoretischer Beschreibungen auf Organisationsberatungskonzepte. In: Organisationsberatung, Supervision, Clinical Management. Praxeologie des Coaching. Sonderheft 2/2008; S. 102-112

jektteams immer nur ein begrenztes Aufgabengebiet zugewiesen wird, dessen Bedeutung irgendwann auch wieder abnimmt, bezieht sich das QM auf alle Abläufe in der gesamten Organisation. Das QM bildet eine eigene, allzuständige Organisation in der Organisation. Durch gute Arbeit kann sich ein Projekt, ein Aufgabenfeld erledigen. Für Projektleiter und Stäbe müssen dann neue Aufgaben gefunden werden. QM dagegen bleibt. Es verbindet sich mit jedem Tag tiefer und fester mit den Unternehmensabläufen. Subsysteme mit umfassenden Aufgabenzuschreibungen und allgemeinem Akzeptanzvorschuss neigen wie selbstverständlich zur Ausdifferenzierung, Vergrößerung, Selbstbestätigung und weiterem Wachstum.

Das QM hat sich so längst einen Platz im öffentlichen Leben erobert. Es hat siegreichen Einzug gehalten nicht nur in Industrieunternehmen, sondern auch in Krankenhäuser, in Verwaltungen und alle anderen Dienstleistungsbereiche. National und international sind heute eine Fülle von Anbietern im Bereich des QM aktiv. Und mit den Anbieter steigt nicht nur die Zahl der QM-Konzepte ins Unermessliche. QM-Beauftragte, QM-Manager, QM-Auditeure, die 0-Fehler-Belts in allen Farben, die Assessoren und die Validatoren mit und ohne Zertifikate werden in Heerscharen ausgebildet. Sogar in Forschung und Wissenschaft hat sich das Qualitätsmanagement einen Platz erkämpft.

Der durch das QM eroberte Raum wird ständig ausgebaut mit immer neuen Fortbildungen, mit immer mehr „Zertifizierungen"[77] und Akkreditierungen[78]". Diese schillernden Begriffe scheinen so zu beeindrucken, dass kaum jemand sieht, dass in dem gesetzlich nicht geregelten Bereich des QM (auch die DIN-Normen sind keine Rechtsnormen!) jeder, dem der Geschäftssinn danach steht, gegen beliebig

---

[77] Zertifizierung bezeichnet ein Verfahren, mit dessen Hilfe nachgewiesen werden soll, dass Produkte, Dienstleistungen oder Verfahren bestimmte Standards erfüllen.

[78] Akkreditierung bedeutet, dass eine allgemeine Instanz (das kann auch eine Einzelperson sein) einer anderen das Erfüllen einer besonderen Eigenschaft bescheinigt.

hohes Honorar zertifizieren und akkreditieren kann. Im QM wird also - im Unterschied zu den früher gebräuchlichen Organisationsmethoden - so ziemlich alles, was sich hierfür greifen lässt, besiegelt, zertifiziert und akkreditiert. Arbeitsprozesse, Abteilungen, ganze Organisationen, Mitarbeiter und Prüfer jeder Art werden „urkundlich bestätigt". Und da ja einleuchtet, dass eine Begutachtung nur einen zeitlich begrenzten Aussagewert hat, ist der Erwerb solcher schützenvereinsgleicher Orden im Abstand von ein paar Jahren zu wiederholen. Das QM-System, einst angetreten, die Komplexität des Managens auf ein handhabbares Maß zu reduzieren, hat sich in seiner Eigendynamik so verselbstständigt, dass es diese Komplexität immer weiter in ungeahnte Höhen schraubt.

5.3. Wie Manager beim Versuch den inneren Schraubstock zu lockern, immer unbeweglicher werden

Standardisierung, Normierung, Festlegungen aller Art sind kein Problem an sich. So ein innerer Schraubstock kann auch Halt und Schutz geben in turbulenten Zeiten. Und je größer eine Organisation ist, desto wichtiger ist es, dass Abläufe geregelt, dass das Wissen bewahrt wird. Wir haben aber in den vorherigen Kapiteln nicht nur gesehen, dass im QM gerade das Wissen verloren geht, sondern dass darüber hinaus Mitarbeiter demotiviert werden, sich die Produktqualität verschlechtert und am Ende auch unter einer Kostenperspektive eher Schaden als Nutzen entsteht.

Der verloren gegangene Sinn und Verstand wird im QM nicht durch etwas Eigenes, oder gar Neues ersetzt. Viele der QM-Methoden wie z.B. die Gestaltung von „Null-Fehler-Prozessen"[79], oder das Konzept des „internen Kunden"[80]

---

[79] Vgl. Kapitel III
[80] Vgl. Kapitel IV, Abs. 1.4.

beinhalten so offensichtlich eine verkürzte Logik, dass ihnen eine gewisse Komik nicht abgesprochen werden kann. Auch die oben beschriebenen „systematischen Innovationsmethoden" mit ihren „Standardlösungen" sind am Ende vor allem eine Sammlung von Behauptungen, die zwar mit den üblichen Management-Buchstabensalaten (TRIZ, TOC, DMAIC und WOIS) aufgetischt, die aber dadurch nicht eben bekömmlicher werden.

Natürlich ist auch das Management nicht blind für die Probleme. Das QM-Personal wird argumentieren, dass sich ja alles noch in den Kinderschuhen befindet, dass die Mitarbeiter noch nicht richtig mitmachen würden, dass auch das mittlere Management noch nicht ausreichend integriert wurde etc.... Aber da die realen Probleme bleiben, sich viel zu oft gar verstärken, gibt es immer wieder Versuche neue Lösungen zu finden.

So besuchen Manager Seminare, in denen ihr Denken auf den Kopf gestellt werden soll, Seminare, in denen sie ihr innerstes Selbst und ihre spirituelle Ader ergründen sollen, Seminare schließlich, in denen sie ihren Mut beim Laufen über glühende Holzkohle und Hangeln in Klettergärten neu entdecken sollen. Nehmen wir an, solche Seminare halten was sie versprechen. Was geschieht, wenn die oberen Entscheider selbstgefunden, spirituell aufgeladen und mit frischem Mut an ihre tägliche Wirkungsstätte zurückkommen?

In Kapitel III haben wir gesehen, auf welche Weise neues Denken durch die Selbstbezüglichkeitsproblematik fast zwangsläufig scheitern muss. Nachhaltige Veränderungen, die die erstarrten Kreisläufe absurder „Kausalität" aufbrechen könnten, werden durch das QM unmöglich gemacht. Nehmen wir an, der verwandelte Chef hat erkannt, dass die Qualität seiner Dienstleistungsprodukte und die Art und Weise der Mitarbeiterführung sich gegenseitig bedingen. Der Teufelskreis führt über gegängelte Mitarbeiter und mangelhafte Leistungen zu unzufriedenen Kunden und Absatzeinbußen. Diese Einbußen sind wiederum Anlass für neue „Qualitätsoffensiven", für noch mehr „Servicestandards", an die die Mitarbeiter sich halten sollen usw. ... Wenn nun der verwandelte Chef durchsetzt, dass unsinnige QM-Vorschriften aufgegeben werden und Mitarbeiter wieder mehr echte Verantwortung für ihr tägliches Tun erhalten, wird das zunächst keine positiven Wirkungen zeigen. Mitarbeiter, die sich mühsam in die Kennzahllogik eingearbeitet haben, die sich auf den reibungslosen Dienst nach Vorschrift verstehen, werden nicht von einer Woche auf die andere umschalten. Meist wird eine solche neu gewonnene Freiheit erst einmal gefeiert. Die Leistung wird zunächst schlechter bevor sie besser werden kann. Schlimmer noch, es wird darüber hinaus deutlich werden, dass auch Anderes geändert werden müsste.

Im QM wird ein solcher Veränderungsprozess von entsprechend differenzierten Erhebungen begleitet. Kurzfristig orientierte Datenerhebungen lassen die unvermeidbaren Rückschläge der neuen Maßnahmen in schillernden Farben leuchten und schon vor einer Beschleunigung den Ruf nach einer Notbremsung laut werden. Man wird mit Hilfe des Benchmarking feststellen, dass die Konkurrenz viel besser aufgestellt ist. Standardisierte Kundenbefragungen werden verdeutlichen, dass sich noch nichts zum Besseren gewandelt hat. Und schließlich werden Verkaufseinbußen nicht etwa notwendigen Anpassungsprozessen, sondern den Schwächen des neuen Konzeptes zugeschrieben.

Die Innovation hat sich für alle sichtbar als peinlicher Fehler herausgestellt. Sie kann gebremst werden mit Hilfe einer neuen Leitung, die nun wieder auf die alte Weise verfährt. Natürlich nicht ganz auf die alte Weise. Denn aus den „Fehlern" des Veränderungsprozesses hat man schließlich etliche zusätzliche Kennzahlen als neue Indikatoren entwickelt, die in bunten PowerPoint-Präsentationen als Grundlage eines neuen „Risikomanagementsystems" vorgestellt werden können.

Was bleibt am Ende also übrig? Neues scheint nur dann umsetzbar, wenn es an das Alte anknüpft, wenn es bewährte und gewohnte Denkmuster nicht zu sehr in Frage stellt. Unternehmensberater wissen das intuitiv. Auch die scheinbare Fülle immer neuer Managementmethoden enthält bei genauerer Betrachtung nichts was nicht schon vorher da war. Neuer Wein wird am besten in alten Schläuchen verkauft. Da wurde beispielsweise aus dem Qualitätsmanagement das „Total Quality Management", dem Geschäftprozessmanagement (GPM) das Business (Process) Reengineering und dem Six Sigma das „Design for Six Sigma". Das Rad wird in den Seminaren zu diesen Themen immer wieder neu erfunden. Das Neue, mit dem da nach Hause gegangen wird, ist das bereits bekannte Problem. Es trägt sich um etliches leichter als ein echter, schwerer Wandel. Das Festzurren im immer Gleichen wird begleitet von der Sicherheit handfester Handlungsanweisungen, von anschaulichen und von jedem zu verstehenden Schaubildern und von der Wonne, Pragmatismus und schnelle Umsetzbarkeit anstatt von Unsicherheiten und Fragen mit nach Hause zu nehmen.

Und so werden dieselben Probleme immer differenzierter auf die immer selbe Art und Weise bearbeitet. Und auch ihre Nichtlösbarkeit wird schließlich ebenso gleichförmig beklagt. Lediglich die Begrifflichkeiten, in die dieses Elend gesteckt wird, wechseln. Mit Hilfe immer neuer Wortschöpfungen, die gern der englischen Sprache entnommen werden, kann so der innere Schraubstock immer besser greifen. Die Auswertung der Planungsergebnisse heißt dann bspw. nicht mehr nur „Evaluation", „Prüfung" und „Kontrolle", sondern „assessment", „controlling", „reviev", „check" und „verification". Ein immer gleiches Ablaufschema wird so in jedem QM-System neu vertextet. Und diese Wiederholung gilt nicht nur für die einzelnen Schritte der Planung, sondern auch für die Methoden und Werkzeuge, mit denen diese Schritte dann in der Praxis ausgeführt werden...

5.4. Weshalb auch von „außen" keine Hilfe zu erwarten ist

Henry Ford ist nicht nur der erste gewesen, der das Fließband für die Massenproduktion von Automobilen, seiner „Tin Lizzys", nutzte. Im Jahre 1914 zahlte Henry Ford seinen Arbeitern mehr als das Doppelte des damals üblichen Lohnes. Er ermöglichte Gewinnbeteiligungen für die Arbeitnehmer und verkürzte die tägliche Arbeitszeit von neun auf acht Stunden. Ford wollte, dass hohe Löhne und niedrige Verkaufspreise die Kaufkraft der Massen erhöhen. Und trat damit anderen Industriellen gehörig auf die Füße. Doch – wie heute jeder weiß - der Erfolg gab ihm Recht. Ford verkaufte nicht nur 15 Millionen Tin Lizzys, sondern legte auf diese Weise einen maßgeblichen Grundstein der modernen Gesellschaft, in der Konsum nicht nur wenigen Privilegierten vorbehalten war.

Unternehmerische Alleingänge sind heute kaum noch denkbar. Scheinbar unumgängliche Sachzwänge gelten als so selbstverständlich, dass sie kaum noch als Zwänge und Unterwerfungsrituale wahrgenommen werden können. In einer Zeit, in der Naturwissenschaftler an der universellen Gültigkeit elementarster physikalischer Gesetze zweifeln[81], gelten so genannten „Gesetze des Marktes" auch angesichts der Krise fast allen Beteiligten als zwar nebulöse, dennoch aber unumstößliche Wahrheiten. Anders als Ford leben Unternehmer ihre Ideale – von deren Unvereinbarkeit mit diesen „Marktgesetzen" sie überzeugt sind - heute anstatt mit Mitarbeitern und Kunden in ihrem Unternehmen vielleicht im Rahmen von Stiftungen und Spendenaktionen aus.

Aber auch hier sind solche Ideale nicht sicher. Denn der Teufelskreis eines scheinbar rein ökonomischen, auf Kurzfristigkeit angelegten Kalküls hat sich – verstärkt durch eine Flut von „Qualitätsoffensiven" - auf fast alle gesellschaftlich wichtigen Bereiche ausgedehnt und wirkt schließlich von hier wieder auf die Ökonomie zurück. So war das Quali-

---

[81] Vgl. 2.4. dieses Kapitels, Anmerkung 35

tätsmanagement der Hebel mit dessen Hilfe eine verkürzte Logik Einzug hielt in Verwaltungen, in das Gesundheitswesen und in den Bildungsbereich.

Im Sozial- und Gesundheitsbereich bewirken Mittelkürzungen mit Hilfe von QM-Maßnahmen massive Verschlechterungen der Lebens-, Versorgungs- und Arbeitssituation der Beteiligten, während gleichzeitig Qualitätsüberprüfungen suggerieren, diese Kürzungen hätten nachhaltige Verbesserungen zur Folge. Die Ökonomisierung der Beziehungen gerade in den Bereichen, in denen Menschen auf Hilfe, Unterstützung und Förderung durch andere Menschen angewiesen sind, ist sicher noch nicht abgeschlossen. Sie wirkt aber bereits durch diese gesellschaftlich relevanten Bereiche bis in die privaten Lebenssphären hinein.

Die heutige junge Generation wird mit Hilfe von Qualitätsmanagementmaßnahmen schonungslos in verkürzten Schul- und Studienzeiten fadenscheinigen Marktnotwendigkeiten unterworfen. „Bildungsmanager" fordern die Festlegung von immer mehr Standards ein, die durch „professionelles Monitoring", „umfassende Evaluation" und „best practice Modelle" schließlich dazu beitragen sollen, die gesetzten „kennzahlüberprüfbaren Ziele" zu erreichen.[82] Das Denken wird auf diese Weise aber nicht nur in den Schüler- und Studentenköpfen in Stromlinien gezwungen. Auch die Wissenschaft – aus der heraus immer wieder Impulse für neue Möglichkeiten, für Lösungen ganz eigener Art erwartet werden – ist durch Mittelkürzungen in Verbindung mit „Qualitätsinitiativen" längst nicht mehr das, was sie einst war. Auch hier ist es die „Freiheit", die als ewige Gegenspielerin der Sach-, Kausalitäts- und Determinismuskreise nicht nur verloren gegangen ist, sondern in tragischer Weise verloren hat. Die paradoxe Verbindung von Freiheit und Wissenschaft – über Jahrhunderte vehement verteidigt – wird mit jeder neuen „Exzellenzinitiative" an den Hochschulen ihres Haltes beraubt.

---

[82] So hieß es in einer Einladung zu einem Bildungsfachkongress im Jahr 2008

Es gibt also kaum noch einen Ort in der Gesellschaft, der vor der beschränkten Qualitätslogik des QM Zuflucht bieten könnte. Im Gegenteil. Manager, die sich Hilfe von „außen" erhoffen, müssen feststellen, dass die Geister, die sie riefen, längst die Welt beherrschen und auch ihnen selbst keine Abweichung mehr erlauben. Geniale Umwälzungsentscheidungen, wie es die von Ford zu seiner Zeit waren, würden heute bestenfalls als naiv und bemitleidenswert gelten. Und dennoch – auch heutige Lenker von Organisationen und Institutionen ahnen, dass es solche, auf den ersten Blick exzentrische Entscheidungen sind, die tote Kreisläufe, zementierte Strukturen und Standards aufbrechen können – und die damit eben nicht nur den Unterschied, sondern die Einheit ausmachen, die am Ende zählt: eine neue Verbindung von Individuum und Gesellschaft, von Mensch und Natur, von Ökonomie und Wertorientierung.

Schlussbemerkung – Plädoyer für eine neue Ganzheitlichkeit

Die beschriebenen Analysen basieren auf einer Methode des paradoxen Vergleichens. Mit Hilfe dieser Methode lassen sich Widersprüche und Ungereimtheiten in Theorien aufspüren und verdeutlichen[83]. Ich habe in diesem Buch die für das Qualitätsmanagement maßgeblichen Paradoxien herausgriffen und dabei die folgenden Unterscheidungen betrachtet:

Prozesse	Strukturen
Fortschritt	Bewahrung
Abweichung	0-Fehler-Prozesse
Differenz	Einheit
Norm(ierung)	Wert
Kontrolle	Vertrauen
Anforderungserfüllung	Qualität

Probleme wurden dadurch deutlich, dass diese Unterscheidungen, diese Differenzen, sich auch im Qualitätsmanagement nicht dauerhaft halten lassen, dass sie voneinander abhängen, dass sie untrennbar in einer paradoxen Weise miteinander verbunden sind. Prozesse sind nur mit Hilfe von Strukturen zu erkennen, Differenzierungen sind nur möglich in Bezug auf die diesen Differenzen hinterlegte Einheit.

---

[83] Für diejenigen Leser, die sich für die wissenschaftstheoretischen Hintergründe interessieren, habe ich in einigen Anmerkungen auf dieses methodische Vorgehen, welches auch interdisziplinäres Arbeiten erleichtert, verwiesen. Eine Einführung in die Thematik am Beispiel der Planungstheorie finden Sie hier: B. Warzecha (2004). Organisationale Planungstheorie. Die Erkenntnis ihrer paradoxen Grundmuster als Möglichkeit einer vereinfachten Handhabung. Wiesbaden: Deutscher Universitätsverlag

Echte Qualität kann oft erst geschätzt werden, nachdem qualitätsgemanagte Produkte ertragen und erduldet werden mussten.

Erst mit dem Blick auf die Konstruktion der Verbindung des scheinbar Gegensätzlichen kann wieder das zu Tage treten, was wirklich zählt: der im Qualitätsmanagement allzu oft verloren gegangene Sinn. Sinnvolle Mitarbeitertätigkeiten, sinnvolle Ablaufprozesse, sinnvolle Ziele und sinnvolle Produkte bedingen sich gegenseitig. Das Wissen und das Verständnis um die paradoxen Konstruktionen der Qualitätsmanagement-Rhetorik öffnet somit neue Perspektiven: auf Ganzheitlichkeit, auf notwendige Vereinfachungen, auf wieder gefundene Werte.

Die Autorin, Dr. Bettina Warzecha, bietet Beratung und Begutachtung zu allen Fragen rund um Organisation und Planung an und ist über ihre Internetseite www.Lektorat-Wimac.de zu erreichen.

Auf der Internetseite kann kostenfrei - für nicht kommerzielle Zwecke – der „Qualitätselefant" herunter geladen werden. Gern werden hier auch weitere Praxisbeispiele zu den problematischen und skurrilen Seiten des QM aufgenommen.